독서지도의 이해

오연희 지음

Understanding Reading Guidance

도서출판 홍릉

독서지도의 이해

Understanding Reading Guidance

인 쇄 : 2025년 3월 10일 초판 1쇄
발 행 : 2025년 3월 17일 초판 2쇄

저 자 : 오연희
발행인 : 송 준
발행처 : 도서출판 홍릉
주 소 : 01093 서울시 강북구 인수봉로 50길 10
등 록 : 1976년 10월 21일 제5-66호

전 화 : 02-999-2274~5
팩 스 : 02-905-6729
e-mail : hongpub@hongpub.co.kr
http://www.hongpub.co.kr
ISBN : 979-11-5600-275-8(93020)

정 가 : 18,000원

머리말

오늘날 독서 교육은 글을 잘 읽기 위한 기술의 숙련을 넘어 학생들의 전인적 교육과 논리적이고 창의적인 사고력 및 인성 함양이라는 측면에서 강조되고 있다. 디지털 시대 독서 교육의 방향은 학생들 스스로 넘쳐나는 정보를 처리하고 사용할 수 있는 새로운 문식성 능력은 물론이고 미래지향적인 삶을 스스로 설계하고 도모해 나갈 수 있는 주체적이고 전인적인 인간 교육(인성함양)을 지향한다.

세 단어가 마치 한 단어(reading—and—writing)처럼 일컬어지는 영미권에서는 이미 읽기—쓰기가 통합된 의미의 독서지도가 일반적인 추세인 만큼, 읽기와 이해하기, 생각하고 표현하기는 모두 하나의 연결고리로 묶여있다고 할 수 있다. 따라서 독서인성지도사는 신토피콘 및 비평적 독서라는 적극적이고 능동적인 독서의 기술과 방법을 통해 통합적이고 수준 높은 독서가 독서자의 사고뿐 아니라 인성까지 변화시킬 수 있다는 점을 인식하여야만 한다.

「독서지도의 이해」는 독서를 통해 인격적인 성숙에 이를 수 있는 방법들을 모색하고 있다. 그리하여 이 책은 신토피콘 독서를 비롯하여 다양한 독서 이론들을 점검하고 인성독서와 진로독서, 학습독서가 무엇인지를 살펴보면서 꼭 알아야 할 15개의 주제를 중심으로 바람직한 독서인성교육이 지향해야 하는 바가 무엇인지를 전하고자 하였다. 독서교육에 관심이 있는 사람이라면 누구나 독서교육 전문가가 될 수 있도록 독서교육을 위해 구성하였다. 독서가 자신의 세계를 넓히고 세상을 보는 눈을 깊게 만든다는 믿음이 책을 읽게 만들고, 또 그것이 다시금 우리에게 희망을 줄 수 있기를 고대한다.

2025년 2월

저자 씀

차례

제 01 강

독서지도의 개념

01. 동기 유발의 두 방법
02. 책을 같이 읽는다는 것의 의미
03. 책 소개 및 평가
04. 독서 후, 대화와 토론
05. 독서의 즐거움을 알게 하는 일

독서지도란 학습자로 하여금 독서교육을 통해 자연스럽게 독서의 즐거움을 깨닫게 하고 독서가 생활화될 수 있도록 도와주는 것이다. 따라서 독서지도에는 독서동기 유발을 위한 다양한 독서활동 및 독후활동이 수반된다. 이것은 위의 다섯 가지 개념과 관련되는 활동이다.

흔히 책읽는 요령을 알려주고 독서 목록을 짜서 읽히는 식의 천편일률적인 지도는 자칫 잘못하면 주입식으로 학습 위주의 지도로 변질될 우려가 있다. 독서지도를 잘하느냐 못하느냐는 지도사의 독서 능력 여하에 달려 있다기보다는 학습자와 독서자료를 얼마나 잘 연결시켰느냐의 여하에 달려있다.

따라서 독서지도는 학력이 높아야만 잘 할 수 있는 것이 아니라 고등학교 졸업 정도의 학력으로도 소정의 교육을 받은 사람이라면 누구나 할 수 있다. 하지만 책을 좋아하고 독서를 즐겨 해서 독서자료에 대해 많이 알고 있으며, 다른 사람과 지식이나 정보를 공유하길 좋아하는 사람이어야 한다. 그러나 현재의 독서지도사 자격증 발급 시험에는 그런 독서지도사의 인성이나 자질까지 검증할 수 있는 장치가 없다는 것이 문제이다. 방법론적으로 많이 알고 눈에 보이는 지식을 신장시켜주는 등 코앞의 결과만을 중요시하기 보다는 위에서 열거한 다섯 가지 개념에 충실한 독서지도야말로 참다운 의미의 '교육'으로서의 독서지도라 할 수 있다.

01

동기 유발의 두 방법

그렇다면 독서지도에서 가장 중요한 관건은 학습자에게 어떻게 독서에 대한 흥미를 유발할 것인가 하는 문제이다. 이 분야의 대표적인 두 전문가인 피아제와 바이갓스키(=비고츠키)의 견해를 참조해 보도록 하자.

먼저 대표적인 아동심리학자이자 교육이론가인 피아제는 인간의 두뇌가 감성 영역과 지성 영역이라는 두 영역으로 나눠져 있다고 주장하면서 인간의 지성 영역은 감성영역을 기초로 하여 그 위에 발달되는 것임을 강조한다.

감성영역에는 인간의 감성뿐만 아니라 동기유발, 자신감, 믿음 등이 포함된다. 그러므로 감성 영역의 발달 없이는 지성 영역의 발달은 불가능하다. 감성영역은 삶의 체험과 관련되며 그것은 단기간 안에 습득될 수 있는 것이 아니다. 피아제에 따르면 감성영역이 성숙되지 못한 사람에게 아무리 지식을 가르치거나 독서를 통한 학습을 시키려 해도 그것은 밑(감성)이 빠진 독(두뇌)에 물(정보, 지식)을 들이붓는 것과 마찬가지로 무의미한 행위가 된다.

다라서 피아제식 논리에 따르면 배움에는 다 때가 있다는 식의 논리를 펼치며 조기 교육이나 성급한 독서지도를 지양해야 한다는 결론에 도달하게 된다. 피아제식 눈높이 교육이란 바로 그런 관점을 집약한 교육학이라 할 수 있다.

이런 피아제식 눈높이 교육과 대조되는 동기유발법을 제시한 바이갓스키는 언어와 관련한 조기교육이 효과적이라고 주장한 대표적인 이론가이다. 그에 따르면 학생들의 지성발달(피아제식으로 말하면 지적 영역)은 배움과 얽혀 있어서 둘로 나눌 수 없다는 것이다. 새로운 지식이나 정보에 많이 노출될수록, 즉 접근 영역이 넓어질수록 지성이 발달되며, 지성이 발달되면 더 많은 지식을 배울 수 있다는 것이다. 바이갓스키가 말하는 접근 영역(zone of proximity)이란 사람이 무슨 말을 듣거나 읽을 때 그 말을 알아들을 수 있는 이해의 영역을 의미한다. 이 영역이 넓으면 넓을수록 독서를 통해 이해할 수 있는 잠재력이 높아지고 그것은 또한 강력한 배움의 동기가 된다. 다시 말해서 사람은 알면 알수록 더 많은 것을 알기를 욕망한다.

이렇듯 동기부여에 있어서 피아제와 바이갓스키는 서로 다른 관점을 제시하고 있다. 아이의 감성이 성숙해야 비로소 지적 능력이 발달한다는 피아제와, 지적으로 이해가능한 접근 영역의 확장이야말로 학습자의 강력한 학습에의 동기부여가 된다는 바이갓스키의 주장은 독서지도에 있어서 서로 다른 방향성을 제시해 준다.

02

책을 같이 읽는다는 것의 의미

지식이 부족한 시대에서는 학습하는 것 자체가 가치 있는 행위가 될 수 있었다. 그러나 지식이 넘쳐나는 시대에서는 어떤 것이 학습할 가치가 있는 지식인지 빨리 평가해야 한다. 또한 지식이 기하급수적으로 폭발하는 시기에는 어떤 한 개인이 모든 정보를 다 알 수도 없고, 또 알 필요도 없다. 이런 경우에는 일차적인 지식을 중심으로 해서 다른 사람들이 가지고 있는 관련된 정보를 끌어내면서 행동하는 것이 중요하다.

정보화 시대의 교사 교육에서 가장 중요한 것은 교사들 스스로 새로운 학습 환경에서 학습하는 경험을 해보는 것이다. 다시 말하면, 교사들 스스로 학습자가 되어야 한다. 이러한 지식들은 가르쳐야 할 학습자가 변하고, 테크놀로지적인 상황이 변하고, 사회의 문화와 정책이 변하면 계속 달라진다. 따라서 특정한 시간과 공간에서 가르치는 데 적합한 지식을 얻기 위해서는 교사 스스로가 계속 학습하는 사람이 되어야 한다.

교사와 학생이 함께 책을 읽는다는 것은 이처럼 책읽기를 통해서 어떤 지식이나 정보를 얻었는지를 확인하기 위한 활동이 아니라, 독서를 통해 학습자가 어떤 영향을 받았으며 그것을 통해 어떠한 지식과 정보를 이끌어내고 그것을 어떻게 해석하고 있는지를 확인하고 이끌어주고 도와주는 활동이면서 동시에 교사 자신이 스스로 어떻게 학생을 이끌 것인가를 터득해 나가는 과정이기도 하다.

03

책 소개 및 평가

독서지도에는 책에 대한 흥미 유발과 함께, 책을 읽어나가는 과정에 앞서 책을 선정하고 소개하며 평가하는 행위가 포함된다. 오늘날 교사들은 예전에는 효과가 있었던 사고방식과 실제들이 더 이상 효력을 가지지 못하는 상황에 직면하고 있다. 또한 새로운 요구에 응하면서 감당해야 하는 정신적, 감정적, 신체적, 인간관계적인 스트레스를 감당해야 한다. 이런 맥락에서 어떤 책을 선정하고 어떻게 소개하며 평가할 것인가는 독서지도 교사의 능력을 가늠할 수 있는 하나의 척도가 된다.

나아가 획일적인 도서의 선정이 아니라 학습자의 수준, 취향, 목표점 등에 부합하는 도서 커리큘럼을 짜는 것은 독서지도가 일종의 기술이라기보다는 상당한 정도의 상상력과 창의성이 요구되는 활동임을 의미한다.

어떤 책을 읽느냐 보다 누가 그것을 지도하느냐가 더 중요한 이유가 바로 여기에 있다. 똑같은 책을 읽히더라도 그 책을 읽히는 의도 소개 및 평가 방식, 지도의 관점 등이 독서 활동 자체에 중요한 영향을 미치기 때문이다.

04

독서 후, 대화와 토론

책을 읽는다는 것은 다른 사람의 지식을 수용하는 과정이다. 모티머 애들러는 독서를 "부재한 교사에게서 배우는 것"이라고 표현한 바 있다. 앞에 있는 교사에게 배우는 것과 달리 독서란 누군가로부터 뭔가를 배우되 그것을 가르치는 사람이 없는 가운데 배워야 하는 것이기에 직접적인 배움보다 훨씬 더 어렵고 특정한 기술이 요구된다.

독서 후의 대화와 토론이 중요한 이유가 바로 여기에 있다. 독서지도는 독서 후 학생이 책에서 배운 것을 스스로 말하고 표현해 보도록 함으로써 학생 스스로 다른 사람의 지식을 자신의 말로 푸는 과정에서 자연스럽게 자신이 의견을 첨가해 감으로써 비판적 사고력과 함께 창의적 사고력이 향상되도록 하는 활동을 포함한다. 따라서 독서 후 반드시 그 내용에 대해 토의나 토론을 하게 하고, 나아가 에세이 쓰기 같은 작문을 하도록 지도한다. 이는 독서가 단순히 수동적인 이해나 학습이 아니라 적극적이고 창조적인 과정임을 의미하는 것이다.

05

독서의 즐거움을 알게 하는 일

독서지도는 궁극적으로 학생이 스스로 자신의 인생에서 독서가 습관화 되고 생활화되도록 도와주는 과정이다. 배움에는 끝이 없지만 직접적인 배움은 대부분 학창시절과 함께 막을 내리기 마련이다. 독서는 평생 동안 필요한 것을 스스로 학습해 나갈 수 있는 가장 좋은 방법이자 학습 전략이다. 독서지도에서 독서의 즐거움을 깨닫게 하는 일이야말로 어떤 의미에서는 가장 핵심적인 부분이라 할 수 있다.

제 02 강

독서지도사의 역할과 의의

01. 독서지도사의 역할
02. 독서지도사 양성에 있어서의 문제점
03. 달라진 독서 환경
04. 새로운 독서지도의 필요성
05. 독서인성지도로서의 독서교육

독서지도사란 앞에서 살펴본 것처럼 독서지도를 할 수 있는 자격을 갖춘 사람이라고 정의할 수 있다. 물론 여기엔 제도화된 양성과정과 자격증을 전제한다. 그러나 자격증을 가지고 있다고 해서 모두가 독서지도사로서의 역할을 다 할 수 있는 것은 아니다. 그것은 운전면허증을 가지고 있다고 해서 모두가 운전을 잘 할 수 있는 것은 아닌 것과 마찬가지이다. 면허는 땄지만 운전이 서툴거나 적성에 맞지 않아 아예 운전을 하지 않는 장롱 면허도 많기 때문이다. 그렇다면 독서지도사가 해야 할 역할에는 어떤 것이 있는지 살펴보기로 한다.

01

독서지도사의 역할

독서지도사의 역할을 그림으로 나타내면 다음과 같이 요약할 수 있다. 독서에 대한 동기유발, 읽을 책의 선정 및 소개와 평가, 읽는 방법에 대한 지도, 학생의 읽기 능력과 관련된 문제점을 진단하고 치료하며, 적합한 교수학습 방법을 고안하고 개발하는 등의 역할이 그것이다.

02

독서지도사 양성에 있어서의 문제점

첫째, 독서지도사 자신이 독서의 즐거움에 빠져 독서를 많이 하는 것이 필요하고 책의 완성도를 평가할 수 있는 능력을 기르도록 노력하는 것이 요구되는데, 대부분의 독서지도사 양성과정이나 자격 시험에서는 이런 자질과 능력을 검증할 수 없다는 한계가 있다.

둘째, 독서지도를 잘 하기 위해서는 깊은 학문적 연구보다는 독서과정을 즐길 줄 알고 독자를 깊이 이해하고 포용할 수 있는 마음가짐이 전제되어야 한다. 그러나 이런 눈에 보이지 않는 부분까지 독서지도사 교육과정에서 다루기는 어렵다는 난점이 있다.

03

달라진 독서 환경

최근에 와서 교육에 대한 이해가 많이 달라지고 있다. 전통적으로 가장 확고하게 형성된 교육에 대한 관점은 지식 전달이라는 식의 접근이었다. 이 관점에서 보면 교사는 학생들에게 지식을 전달하는 사람이다. 이런 관점은 인지를 개인적인 소유물로 여긴다.

지식 전달 관점과 대조적으로 사회 구성주의 이론은 사회적, 분산적, 집합적인 성격의 교육을 강조한다. 학생들이 동료들과 협력하는 상황에서 실제적인 문제들을 다룰 때 학생들은 능동적으로 될 수 있다. 더 나아가 능동적인 협력 과정으로서의 학습이라는 아이디어를 넘어서, 공동체 안에서 지식을 창조하고 아이디어를 개선하는 지식 형성을 강조하는 관점도 있다.

오늘날 디지털 환경은 다중 감각 양식의 텍스트, 동시적이고 비동시적인 상호작용, 신속하고 거대한 네트워크 형성이라는 특징을 가지고 있다. 이런 특징들은 지식을 창출하고 활용하며, 의사소통하는 방식에 영향을 끼친다. 디지털 환경에서 제시되는 다양한 양식의 텍스트들을 통합적으로 처리하려면 상당히 높은 수준의 정보 처리 능력이 필요하다. 게다가 새로운 문식성은 지적인 능력에만 제한되는 것이 아니라 네트워크로 된 세상에서 필수적인 사회적이고 윤리적인 책임도 포함한다. 그리고 어떤 정보가 가지고 있는 관점이 무엇인지 깊이 생각하고, 비판적으로 평가하는 능력도 포함한다. 따라서 오늘날 변화된 환경에서 필요로 하는 독서지도란 기본적인 사고능력과 인성을 갖추도록 하는데 초점을 둔다. 이것이 단순한 독서지도사가 아니라 '독서인성지도사'가 절실히 요구되는 이유이다.

04

새로운 독서지도의 필요성

달라진 독서 환경은 이전과는 다른 독서 능력, 특히 다매체 환경에 걸맞은 문혜력을 요구한다. 여기서 문혜력(literacy)이란 텍스트에 대한 독해 및 해석 능력을 의미한다.

05

독서인성지도로서의 독서교육

오늘날 변화된 환경에서 요구되는 독서교육이란 이렇듯 스스로 생각하고 응용하고 정보를 조직할 수 있는 사람, 나아가 그것을 바탕으로 자신의 세계를 끊임없이 넓혀나갈 수 있는 자주적이고 창조적인 사람을 키우는 교육이다.

독서인성지도가 곧 오늘날 요구되는 독서교육의 새로운 지향점이다. 여기서 독서인성지도란 한 마디로 정의하면 독서를 통해 인성과 가치관을 함양시키는 인간 교육을 의미한다.

그러므로 독서인성지도를 하기 위해서는 독서인성교육과 관련된 전반적인 이론을 공부하고 이를 교육 현장에 적용할 수 있는 실천적 지식과 그에 필요한 자질을 겸비해야 한다. 누군가를 가르치기 위해서는 생각하는 힘이 필요하고 이를 응용할 수 있는 능력 또한 요구된다. 그리고 가르치는 자신 역시 학습자와 소통하는 과정에서 성장할 수 있어야 한다.

◈ 연습문제 ◈

1. 독서지도란 무엇인지 간략히 서술하시오.

2. 오늘날 독서지도사 양성과정이 안고 있는 문제점이 무엇인지 지적하시오.

3. 독서지도에서 학생의 독서 동기를 유발하기 위한 대표적인 두 가지 관점을 설명하고, 자신의 생각을 약술하시오.

4. 책을 함께 읽는다는 것의 진정한 의미가 무엇인지 설명하시오.

5. 지식에 대한 객관주의와 구성주의의 차이점이 무엇인지 간략히 서술하시오.

6. 다매체 시대에 필요한 문혜력이란 무엇을 의미하는지 간략히 서술하시오.

7. 독서인성지도란 무엇이고 독서인성지도사란 어떤 사람인지 간략히 서술하시오.

제 03 강

독서의 역사

01. 독서의 시작
02. 독서 개념의 역사적 전개 과정
03. 전근대와 근대의 독서관의 차이
04. 포스트모던 시대의 독서

01

독서의 시작

일상의 글 읽기를 뜻하는 거시적인 의미의 독서 현상은 문자의 발생과 함께 시작되었을 것으로 보인다. 「독서의 역사」(알베르토 망구엘 지음 · 정명진 역(2000: 257))에서는 기원 전 3천년 말 메소포타미아 지역의 진흙 서판 발명에 대해, "뭔가를 쓴다는 행위의 목적은 그 텍스트를 보존하려는 것—다시 말해 읽혀야 한다는 것—이기 때문에 그런 새김은 동시에 한 사람의 독서가를 창조해 낸 셈"이라고 서술하였다. 달리 말해 기록과 해석은 쓰기와 읽기의 시작이었던 셈이다. 이처럼 문자 발명과 독서는 밀접한 관련을 맺고 있다.

독서 행위가 문자 해득을 통한 의사소통의 범위를 넘어 독자로서의 의미를 구성하는 행위임을 고려할 때, 독서 행위에 의미를 부여하기 시작한 것은 좀 더 후의 일로 보인다.

02

독서 개념의 역사적 전개 과정

1 조선시대의 독서관

독서 행위에 의미를 부여하기 시작한 시기는 정확히 알 수 없지만, 조선조 성리학자들의 독서론과 관련된 언급을 통해 독서가 어떤 의미로 받아들여졌는지를 짐작해 볼 수 있다. 이는 독서 개념이 역사적으로 어떻게 변모해 왔는지를 살펴볼 수 있는 좋은 참조점이 된다.

조선 시대 대표적인 성리학자인 율곡의 독서관을 살펴보면, 주목할 점은 크게 세 가지이다. 첫째는 '입지(立志)' 와 '금제(禁制)'를 한 뒤 독서를 해야 하며 그것을 바탕으로 '행할 도리'를 알게 된다는 것이다. 여기서 입지와 금제는 마음을 보존하는 행위로 묘사되며, 독서는 궁리를 밝혀 선을 아는 일로 규정된다. 둘째는 독서에도 일정한 방법과 순서가 있다고 밝히고 있는 점이다. 율곡이 제시한 순서는 5서 5경을 돌려 읽는 방법에 잘 나타나 있다. 셋째는 읽어야 할 책과 그렇지 않은 책을 구분하고, 독서를 할 때 해야 할 일과 하지 말아야 할 일을 밝혔다는 점이다. 전자의 구분 기준은 성현이 지은 글인가 아닌가를 기준으로 하고, 후자는 공부에 방해가 되는가 아닌가를 기준으로 한다.

이뿐만 아니라 조선시대 유학자들은 나름대로 독서의 의미와 가치를 규정하고, 그에 따라 독서를 하고자 하였다. 율곡 뿐만 아니라 조선조의 선비들은 성리학에 기반한 독서의 목적과 독서 방법을 갖고 있었던 것이다.

성리학자들의 독서론을 한마디로 요약한다면 '격물치지'의 수단이자 인격 수양의 방편으로 인식되었다는 점이다.

2 근대 독서관의 정립 과정

독서 현상을 학문적 차원에서 연구하기 시작한 것은 근대 학문이 도입된 이후로 볼 수 있다. 우리나라에서 독서 현상과 관련된 최초의 논문은 이춘세(1909) 의 '독서법'(「기호흥학회월보」 제11호~제12호, 1909.6~1909.7)이다. 이 논문은 '독서의 이익', '독서의 쾌락', '독서의 정칙', '독서법의 연혁' 등으로 구성되어 있는데, '연혁' 부분은 미완이어서 전모를 확인하기는 어렵다. 그럼에도 이 논문은 이 시기 우리나라에 소개된 서구 학자들의 독서론과 독서 방법을 체계적으로 정리한 점에서 큰 의미가 있다. 특히 '독서의 정칙'에서는 영국의 철학자 로크[육극(陸克)]의 10가지 독서 방법도 소개하고 있다.

일제 강점기에는 근대계몽기에 싹텄던 독서 연구가 답보 상태에 머물렀던 것으로 보인다. 특히 국문으로 된 독서 연구가 많지 않고, 이를 뒷받침할 만한 독서 자료의 개발도 충분하지 않았던 것으로 보인다. 이 시기 발표된 '독서론'으로는 외배(1914)의 '독서를 권함'(「청춘」제1호)과 「학등」 창간호(1933)에 실린 백낙준의 '독서하라', 김윤경의 '글을 읽자', 오천석의 '독서를 어떻게 할까. 심리학은 이렇게 가르친다.', 주요한의 '오락으로서의 독서', 유영기의 '돈이냐? 책이냐?'가 대표적이다.

이 가운데 오천석(1933)은 독서를 심리학적 차원에서 분석한 논문으로, 독서의 6단계(시각적 인상 → 두뇌의 시각 영역 전달 → 의미 이해 → 언어역대과 → 혀 · 입술 · 성대 등의 근력 이동 → 언어 기관의 동작 과정)를 경제적 · 능률적 독서 방법으로 '독서의 속도를 빠르게 할 것', '집중된 주의력을 가지고 의미를 포착할 것' 등을 제안하였다. 특히 주요한(1933)은 저널리즘의 발달과 독서의 오락화가 밀접한 관련을 맺고 있다고 진단하였는데, 이러한 흐름은 근대 이후 활발해진 이야기책의 출판과 무관하지 않은 것으로 보인다.

일제 강점기의 독서관이나 독서법에는 큰 변화는 보이지 않으나, 이 시기 독서 현상에서는 주목할 만한 변화가 나타난다. 가장 대표적인 것으로는 도서관의 설립이나 문자 보급 운동 등을 통한 독서의 대중화 현상이다. 1920년에 이르러 경성 도서관 건립이나 사회 독서 운동이 활발히 전개된 것으로 나타난다. 이러한 흐름은 출판문화에도 반영 되는데 대중 독자를 위한 독본류, 위인전, 문고판 문예 전집의 출판 등이 활발하였다.

이같은 독서 대중화에 따른 출판 활성화 현상은 이 시기 독서에 대한 인식 변화와도 무관하지 않은 것으로 보인다. 다만 독서 대중화나 대중 독자를 위한 출판 현상이 독서 연구를 바탕으로 한 것이라고 보기는 어렵다. 오히려 이 시기 독서론은 주요한(1933)에서 확인할 수 있듯이, '학습 독서'에서 괴리된 '흥미 위주' 또는 '이야기 위주'의 독서론으로 변질된 경우도 있었다.

일제 강점기에 독서가 오락이나 흥미를 위한 행위로 인식된 데에는 우리의 문자생활도 한 몫 한 것으로 보인다. 왜냐하면 이 시기 학습이나 정보 습득을 위한 독서물은 국한문으로 저술된 데 비해, 신소설을 비롯한 이야기책들은 순한글로 출판되어 한문을 독해할 줄 모르는 일반 대중 독자들도 어렵지 않게 읽을 수 있었기 때문이다. 그러한 상황에서 '독서 = 책읽기 = 이야기책 읽기 = 오락을 위한 독서'라는 의식이 생겨났을 것으로 보인다. 그럴 가능성은 1882년 호산 박문호가 '일곱 살 난 어린 처제가 늘 읽는 것이 허무맹랑한 소설이어서 이 책을 짓는다'라고 밝힌 「여소학」 서문을 통해서도 짐작할 수 있다. 그 밖의 다른 논설이나 논문들은 독서 현상에 대한 경험적 접근을 위주로 한 것으로, 거시적 차원에서 흥미를 위한 독서의 가치를 논한 경우가 많다.

그 밖에 근대 독서관의 역사적인 변천과정을 외국의 사례를 바탕으로 연구한 바 있는 정기철(2000)은 1826년부터 1950년까지를 7단계로 나누고 '기억의 촉진자(1826년 이전) → 표현적 기술 (1826~1882) → 수용 과정(1882~1910년) → 의미 구성 과정(1910년) → 지적 읽기(독해와 해석 강조: 1920~1930년) → 읽기의 본질은 독해(1940년) → 읽기는 글에서 의미를 추구하는 과정(1950년)'의 흐름을 보인다고 하였고, 천경록 · 이재승(1997)의 연구에서는 1783년부터 1910년까지를 '경험으로서의 읽기'로 정리하고, 1910년부터 1987년까지는 '과학으로서의 읽기'로 정리하였다.

3 현대 독서관의 정립 과정

우리나라에서 독서 연구가 본격적으로 이루어진 시기는 해방 이후라고 할 수 있다. 해방 이후의 독서 연구는 국어과의 읽기 지도와 관련하여 발전하였으나, 「독서지도사전」(1968, 독서지도연구회), 「독서론」(1978, 김병원) 등의 독서 현상 자체에 대한 연구도 나타나기 시작했다. 이러한 연구는 대체로 독서 현상에 대한 심리적인 분석이나 경험을 토대로 한 독서 유도를 목적으로 한 것이 대부분인데, 1980년 이후에는 독서 행위 및 독서의 기술과 관련된 번역 서적도 다수 출간되었다. 예를 들어 모티머 J 애들러(외) 저/오연희 역(1996)의 「논리적 독서법」(한국독서교육연구원)이나 볼프강 이저 저/이유선 역(1993)의 「독서 행위」(신원문 화사) 등은 독서 관련 학문을 전공한 사람들이 쓴 본격적인 독서이론서라고 할 수 있다.

이러한 종류의 저서들이 '어떻게 읽을 것인가'에 초점을 맞추었다면, '무엇을 읽을 것인가'를 주제로 한 다수의 독서 안내서들도 쏟아져 나오기 시작한다. 고은 외(1994)의 「책 어떻게 읽을 것인가」(민음사)나 한겨레신문사 편집부(1993)의 「책이야기」(한겨레신문사)와 같은 책들은 교양인이 읽을 만한 책을 소개하는 내용으로 구성되어 있다. 이뿐만 아니라 최근에는 독서 현상과 관련된 출판문화나 문학 분야의 독자 문제, 비평 이론과 비평 읽기 등과 같이 전문화된 연구 성과가 나타나기도 하였다. 이러한 연구 분야는 주로 문학 비평가들에 의해 이루어지고 있는데, 에스카르피/민병덕 역(1999)의 「출판 · 문학의 사회학」(일진사), 마이클 페인/장경렬 외 역(1999)의 「읽기이론/이론읽기-라깡, 데리다, 크리스떼바」(한신문화사), 움베르토 에코/김운 찬 역(1996)의 「소설 속의 독자」(열린책들), 움베르토 에코 외/손유택 역(1997)의 「해석학이란 무엇인가」(열린책들), 엘리자베드 프로인드/신명아 역(2005)의 「신비평에서 포스트모던 비평까지-독자로 돌아가기」(인간사랑), 헤럴드 블룸/윤병우 역(2011)의 「헤럴드 블룸의 독서의 기술」(을유문화사) 등과 같은 번역서들은 출판 · 독자 · 문학 비평 이론 등과 관련된 독서 현상을 주제로 한 저술들이다.

이처럼 오늘날의 독서 연구는 심리 분석이나 경험을 바탕으로 '어떻게 읽을 것인가', '무엇을 읽을 것인가'뿐만 아니라 독서 행위 자체의 철학적인 의미가 무엇인가에 이르기까지 다양한 주제를 담고 있다. 이 점에서 현대의 독서학은 이들 제반 분야를 질서 있게 정리하여 그 의미를 재해석해야 하는 복합적인 과제를 안고 있는 셈이다.

03

전근대와 근대의 독서관의 차이

전근대 시대 독서는 선비의 의무이자 특권이었다. 선비가 책을 읽는 것은 도에 다가가는 '궁리의 제일'이었고, 감각적 즐거움이나 사사로운 이익을 목적으로 해서는 안되는 것이었다. 고로 저잣거리의 소설 따위를 읽고 그 즐거움에 탐닉하는 것은 독서의 범주에 들지 못하는 것으로 인식되었다. 선비가 학문을 배우는 것도 경전이라는 일련의 책들로 구성된 독서과정을 차근차근 읽어나가는 것이었다. 이 또한 성인의 책 아닌 것은 읽지 말며 무익한 문장은 보지 말아야 한다는 엄격한 규율이 작용하고 있었다.

이런 책들을 읽을 때는 독서의 법도를 지켜야 했는데 주자의 독서법이 강조하듯 "순서를 따라 점차 나아감에 있으며 깊이 읽고 정밀하게 생각하여 글자는 그 뜻을 구하고 구절은 그 가르침을 찾아, 앞에서 다 알지 못하고 감히 뒷부분을 구하지 않으며 여기를 통달하지 않고서 저기에 뜻을 두지 말아야"했다. 고로 숙독, 정독은 당연시되고, 중요한 책들은 거의 외우다시피 거듭 읽어야 했다. 가령 김득신은 자신이 만 번 이상 읽은 글 36편을 기록해 놓기도 했을 정도였다. 이 정도라면 읽는다는 것이 무슨 새로운 정보를 얻는 것이 아니라 외웠어도 한참 전에 외웠을 것을 굳이 다시 읽는다고 표현한 것에는 독서란 책과 자신을 일치시킨다는 의미가 함축되어 있었기 때문이다. 이런 경우 책을 읽을 때 눈으로만 읽기보다 소리내어 읽게 된다. 선비 마을에 집집마다 글 읽는 소리가 담 너머로 울려퍼진다 했다.

근대 이전의 독서와 근대 이후의 독서는 다음과 같은 큰 차이를 지닌다.

1 독서인식과 목적의 차이 : 인격수양/다양한 용도의 독서

첫째, 근대 이전에 독서란 감각적인 즐거움이나 사사로운 이익을 목적으로 해서는 안되는 인격수양의 도구였다. 반면 근대 이후의 독서는 쾌락을 위한 독서, 취미로서의 독서, 특정 학습이나 교양을 닦기 위한 독서 등 그 목적이 다양해졌다. 특히 전근대 시대에 금기시했던 즐거움과 사사로운 이익만을 전적으로 추구하는 독서의 탄생은 근대와 전근대를 나누는 가장 큰 독서관의 차이라고 할 수 있다.

2 독서 규율의 차이 : 훈련-음독과 묵독

전통적 학문과 교육체제가 붕괴되면서 선비나 학동들이 소리내어 글을 읽는 독서풍경에도 큰 변화가 일어났다. 1910년대까지만 해도 도서관이나 학교 같은 공공장소에서 묵독이란 낯설기 짝이 없었던 탓에 외국 대학에서 수백 명이 모여 공부를 하는 데도 책장 넘기는 소리밖에 들리지 않았다는 사실이 매우 신기한 일로 소개되기도 하였다. 1919년 경성도서관이 처음 만들어졌을 때도 열람자 중 갓쓰고 가죽신에 점잖게 오셔서 장죽을 물으시고 다리를 도사리고 앉아서 책장을 넘기시며 음성을 내어 좋은 시나 어구를 읊조리는 노인들이 다수였다고 한다.

그러나 이런 소란스러운 독서는 금세 우스꽝스러운 일로 여겨지게 되었고, 눈으로만 읽는 묵독이 주류의 자리를 차지하게 된다. 1920년대 후반 도서관은 이미 많은 사람들이 저마다 침착하게 걸터앉아서 기침소리 하나 안 내고 책만 보는 장소로 탈바꿈된다. 묵독규율이 확고하게 정착된 것이다.

이렇게 묵독이 급속히 확산될 수 있었던 까닭은 학교 교육 때문이었다. 주요 경전을 중심으로 정해진 텍스트를 하나씩 읽었던 전통적 교육과정 대신 동등한 여러 교과목을 동시에 학습해야 하는 서구적 분과학문과 교과과정이 도입됨에 따라 독서방식도 한 권의 텍스트를 집중적으로 외우다시피 반복하여 읽는 것에서 여러 권의 교과서와 더 많은 참고서를 함께 읽는 것으로 바뀌게 되었다. 이때 음독보다 묵독이 훨씬 효율적인 것이었다.

더 결정적인 것은 학교에서의 독서규율 습득이었다. 근대 학교는 모든 면에서 새로운 규율에 의해 통제되는 폐쇄된 공간이었다. 교실은 교사의 권위에 의해 통제되는 균질적 공간이며, 교사는 원칙적으로 학생의 모든 행동을 파악하고 통제해야 했기에 실내 정숙이 가장 중요한 규율로 정착하게 된 것이다. 이런 과정에서 학생들은 자연스럽게 묵독규율을 체득하게 되었다.

그러나 혹자는 음독=전근대=공동체/묵독=근대=개인적 이라는 도식은 지나치게 기계적인 파악이라고 지적하기도 한다. 가령 묵독은 공동체적 독서가 될 수 없지만, 음독 또한 반드시 공동체적 독서라고 할 수는 없기 때문이다. 전통적 음독은 소수 텍스트의 확실한 습득을 목적으로 하는 전통적 학문구조에 적합한 방식이긴 하지만 독서 그 자체는 지극히 개인적인데 특히 자기 몸과 텍스트의 리듬을 일치시킨다는 점에서 더욱 그러하다. 이는 묵독의 개인성과는 다른 차원이다. 묵독에서 개인성은 오히려 타인을 강하게 전제하는 공공성과 규율의 문제와 관련된다. 정숙이 공적 생활을 위한 기본적 도덕으로 자리 잡으면서 묵독은 타인을 침해하지 않는 독서의 규율로 정착하게 된 것이다.

이렇듯 독서의 방법에서도 전근대의 독서가 전적으로 한 권의 책을 거의 외우다시피하는 정독과 소리내서 읽는 음독을 전제로 한 것이라면, 근대 이후의 독서는 맥루한의 테제가 말해주듯이, 활판인쇄술이 단어를 소리와 분리시킴으로써 전적으로 인간의 시각에만 의존하는 새로운 독서의 방법을 일반화시킨 것이다.

3 독서 향유 계층의 변화 : 소수 특권계층/독서대중

전근대의 독서는 소수 특권층만이 누릴 수 있는 것이었던 데 반해, 근대 이후의 독서는 대량 인쇄술을 바탕으로 독서의 대중화를 가져왔다. 한편 근대 이후 인쇄문화의 확산은 지식의 보존력을 향상시킴으로써 획기적인 지식과 학문의 발전을 가능케 하였고,

자신이 쓴 책의 판매수입으로 살아가는 지식인과 다양한 인쇄물을 통해 훈련된 근대적 독자의 탄생을 초래하여 근대적인 공공여론 및 민주주의 정치에 밑거름이 되기도 하였다.

그러나 전문화되고 파편화된 지식과 대량 생산되는 규격화된 지식은 근대인의 획일화된 사고와 행위패턴을 강제함으로써 오히려 중앙집권적인 지배 권력의 성장에 기여했다는 평가도 존재하는 만큼 양가적인 의미를 지닌다고 할 수 있다.

20세기 접어들면서 낭랑한 글 읽는 소리가 사라진 곳에 새로운 독서 풍경이 등장함으로써 이제 독서는 책과 나의 일치를 추구하는 몰입이 아니라 문명으로 가는 지식=힘을 제공하는 수단이며, 새로운 쾌락을 추구하는 대중적 소비시장을 창출하는 원동력이 되었다.

05

포스트모던 시대의 독서

앞에서 살펴본 것처럼 근대는 책읽는 방식도 변화시켰다. 근대적 학교교육을 통해 사람들은 묵독규율을 몸에 익혔고 더욱 빠른 시간 안에 지식과 정보를 습득하는 독서법을 추구하였다. 속도와 효율성을 중시하는 근대적 독서장치들은 인터넷 시대를 맞아 더욱 빨리 더 많은 정보를 받아들이기를 추구하였다. 이제 책읽기는 지식과 사상을 내것으로 만들기보다 필요한 정보를 검색하는 데 가까워지게 되었다.

정보란 매우 가치중립적으로 들리는 말이지만 우리가 필요한 정보를 검색 활용한다고 했을 때 이 정보들은 이미 구성되어 있는 인식체계의 한 부분이다. 우리에게 제공되는 정보 자체가 이미 특정한 방식에 의해 검열된 것일 때 더 많은 정보를 접할수록 기존의 인식틀에서 벗어날 수 없는 것은 아닐까 반문해 보아야 할 것이다.

◈ 연습문제 ◈

1. 문자 발명과 독서의 관계를 약술하시오.

2. 조선시대 성리학자들의 독서론을 한마디로 요약해 보시오.

3. 전근대와 근대의 독서하는 목적의 차이를 설명하시오.

4. 근대 이후 묵독 규율이 형성된 과정을 설명하시오.

5. 근대 이후 독서 계층의 대중화가 지닌 양면성을 설명하시오.

6. 포스트모던 시대의 독서의 특징을 약술하시오.

제 04 강

그림으로 읽는 독서의 세계

01. 독서에 담긴 의미
02. 그림으로 읽어보는 독서의 풍경
03. 독서의 가치

01

독서에 담긴 의미

1 독서를 하는 이유

독서는 시각에 의존하는 사고 행위이다. 문자를 통해 의미를 구성하는 독서는 독서를 하는 주체의 사고 행위를 필수적으로 동반한다. 따라서 책을 읽는 행위는 생각하고 판단하며 문자가 전하는 의미를 주체적으로 재구성하는 것이라 할 수 있다.

지금까지 독서는 주로 계몽적 관점에서 지식을 얻기 위한 목적 지향적 행위로 이해되어 왔다. 독서의 목적을 지식 습득에 둔다면 독서는 독자에게 모르고 있던 새로운 사실을 알려주고 가르침을 주는 것이 된다. 그러나 이보다 중요한 사실은 독서라는 것이 독자의 정체성을 형성하는 행위라는 점에 있다. 어떤 책을 읽느냐가 독자의 세계관에 중요한 영향을 미칠 수밖에 없다는 점을 우리는 잘 알고 있지 않은가. 책을 읽는 사람은 책의 저자와 만나고 저자가 쓴 내용을 접하면서 스스로를 돌아보게 된다. 책을 읽는 동안 저자와 대화하면서 자신의 세계를 넓혀나가고 자신의 내면과 마주한다. 그리하여 독서는 책을 읽는 주체를 성숙의 길로 이끌며 성장하도록 도와준다.

독서를 하는 까닭이 무엇인지 묻는다면 대답은 저마다 다를 것이다. 지식과 교양을 위한 독서를 하는 사람이 있는가 하면 재미를 위해서 책을 읽는다는 사람도 있을 것이고, 글쓰기나 말하기 능력을 향상시키기 위해서 혹은 자신의 세계를 확장하기 위해서 책을 읽는다고 답하는 사람도 있을 것이다. 서로 다른 이유와 필요로 책을 찾아 읽지만 궁극적으로 독서의 목적은 인간다움의 실현과 관련될 수밖에 없다.

다음에 제시한 예문들은 인간이 갖는 교양적 차원에서 독서가 갖는 의미를 시사하고 있다.

> 교양이란 영어로 말하면 리버럴 아츠(Liberal Arts)다. 그 본래의 의미는 '노예적 또는 기계적 기술'과 대치되는 '자유인'에게 어울리는 학예(Arts)다. 여기서 말하는 '자유인'은 예전에는 특권적 신분의 남성에 한정돼 있었다. 그러나 현대에서는 그렇지 않고 또 그래서는 안 된다. 현대인에게 요구되는 교양이란 한마디로 말해서 **타자에 대한 상상력**이라고 나는 생각한다. 폭탄공격을 당하는 쪽의 고뇌와 아픔을 상상하는 힘은 전쟁에 저항하고 평화를 쌓기 위한 기초적 능력이다. 따라서 이러한 기초적 능력을 결여한 채 젊은이들이 사회로 나가는 것이 나로서는 불안하기 짝이 없다.
>
> – 서경식, 「교양교육 홀대하는 일본의 대학」 중에서 –

> 타인을 이해한다, 타자를 이해한다. 우리말로 하면 역지사지, 바꿔서 상대방의 처지를 이해한다는 건데, 기본적으로 타자를 긍정하는 것이라고도 할 수 있죠. 그것은 내가 나의 울타리 속에 갇혀 있는 것

> 이 아니라, **울타리를 열어서** 타인을 받아들이거나 내가 나를 버리고 타인의 울타리 속으로 들어가는 것이죠.
>
> – 도정일 · 최재천, 「대담」(휴머니스트, 2005) 중에서 –

예문에서 말하고 있는 '타자에 대한 상상력'과 '타자를 긍정하는 것'은 인간이 갖는 공감능력과 연결된다. 공감능력이란 단순히 타인의 입장을 이해하고 그의 감정을 공유하는 차원을 넘어 인간성을 발현할 수 있는 능력을 의미한다. '아픔을 상상하는 힘'은 곧 사회를 구성하는 타자를 인정하고 그들과 공존하는 방식을 수용하는 태도인 것이다. 따라서 자신의 울타리를 열어서 타인을 수용하는 행위는 타인의 세계와 만나는 것이며, 함께 살아갈 수 있는 행복한 세계를 만드는 것이라 할 수 있다. 독서를 일컬어 성숙한 자아로 이끄는 길이라고 표현한 이유가 바로 여기에 있다. 독서는 독자를 성숙한 자아를 지닌 존재로 만들어 주기 때문이다.

2 시대가 요구하는 독서

오늘날과 같은 지식정보사회에서는 정보를 새롭게 창출할 수 있는 창의성이 그 어느 때보다 강조되고 있다. 인터넷이 우리의 삶 전반에 절대적인 영향력을 행사하고 소통의 가치가 부각되고 있는 현대사회에 정보를 가공하고 재구성하여 유의미한 정보로 재생산하는 능력이야말로 개인이 갖추어야 할 필수적인 역량으로 평가된다. 더불어 영상매체가 각광을 받으면서 문화콘텐츠의 중요성이 부각되는 문화산업시대를 맞이하여 상상력의 가치 또한 재평가되고 있다.

뿐만 아니라 교육 분야에도 변화된 시대의 요구가 영향을 미치고 있다. 최근 들어 인문학의 중요성을 주장하는 견해들이 힘을 얻고 있고, 교양의 본질적 가치를 주장하는 의견에 힘이 실리는 등 기초를 중시하는 교육이 강조되고 있다. 사회 전반에 걸쳐 인성 교육이 절실히 필요하다는 인식이 확산되면서 독서의 중요성도 재론되고 있다. 시대적 요구에 부응하여 독서에 대한 가치도 재평가되고 무엇보다 인간적 성숙을 기하는 독서의 가치가 조명받기에 이르렀다.

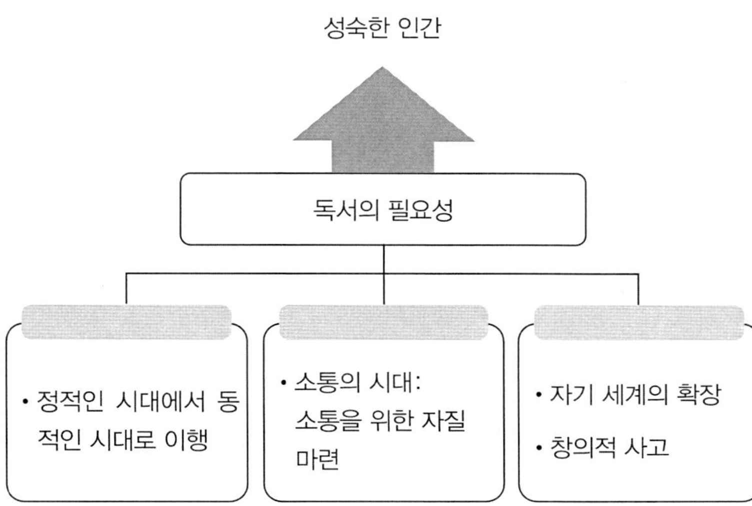

02

그림으로 읽어보는 독서의 풍경

"인간은 다시금 자신과 관계를 맺고, 육체가 휴식을 취하도록 놔두고, 자기 자신을 세상 사람이 도달할 수 없고 바라 볼 수 없는 존재로 만든다." 알베르토 망구엘은 「독서의 역사」에서 이와 같이 독서의 가치를 설명하고 있다. 그의 말에서 알 수 있는 것처럼 독서는 온전히 자신에게 몰두하면서 자발적으로 고립되는 행위이다. 화가들이 책을 읽는 사람을 자주 화폭에 담은 까닭도 이러한 맥락에서 이해할 수 있을 것이다. 독서야말로 개인의 내밀함을 고스란히 드러내는 행위이기 때문이다. 슈테판 볼만의 「책 읽는 여자는 위험하다」는 "13세기에서 21세기까지 그림을 통해 읽는 독서의 역사"라는 부제가 말해주듯 독서에 담긴 다양한 의미를 파악하는 데 도움을 준다.

과일이나 꽃, 동물 등의 다양한 사물들을 동원하여 독특한 그림을 그린 화가 주세페 아르침볼도는 〈사서〉라는 작품에서 책이 갖는 의미를 새롭게 재현하고 있다.

주세페 아르침볼도, 〈사서〉, 1566.

프랑스의 철학자이자 「미식 예찬」의 저자로 유명한 앙텔름 브리야 사바랭은 "당신이 먹는 것이 무엇인지 말해다오. 그러면 내가 당신이 누구인지 말해주겠다"고 했다. 자신의 몸매와 건강상태, 피부는 물론 성격에 이르기까지 지금의 나를 규정하는 것은 내가 먹었고, 또 먹고 있는 것들이다. 식품영양학 분야에서 "나는 내가 먹은 것이다"라는 명제는 상당히 함축적인 의미를 담고 있다. 여기서 한 걸음 더 나아가 우리는 사바랭의 말에서 자연스럽게 "나는 내가 지금까지 읽은 책으로 구성된다"는 명제를 떠올리게 된다. 지금까지 내가 읽은 책들이 '나'라는 사람의 정체성을 구성한다는 의미인데, 우리는 이 말을 통해 독서가 정체성 형성에 미치는 영향을 짐작할 수 있다. 어떤 책을 읽느냐의 문제는 곧 당신은 어떤 사람인가에 대한 물음과 이어지는 것이니 독서와 정체성은 불가분의 관계를 맺고 있는 것이다.

카를 슈피츠베크의 〈책벌레〉는 행복한 책읽기에 대한 질문을 던지고 있다. 물론 다른 측면에서 이 그림이 갖는 의미를 논할 수도 있지만, 〈책벌레〉에는 책 읽는 사람만이 느낄 수 있는 행복한 기운이 가득하다. 햇살이 비치는 서재에서 책을 옆구리와 무릎 사이에 끼고 책 읽기에 몰두하고 있는 사람은 오롯이 자신만의 세계에 빠져있는 듯하다. 이 그림을 보며 행복한 책읽기란 무엇인지 질문을 던져보아도 좋을 것이다.

카를 슈피츠베크, 〈책벌레〉, 1850.

우리에게도 유명한 사회학자 피에르 부르디외는 「구별짓기」를 통해 우리가 즐겨먹는 음식이나 선호하는 옷차림, 즐겨듣는 음악이나 여가를 보내는 방식 등이 계급적 구조와 관련되어 있다고 설명한 바 있다. 한 개인의 취미나 취향, 기호의 문제는 개인적 차원을 넘어 사회 구조적 측면과 연결되어 있다는 주장이다. 비단 부르디외의 주장이 아니더라도 신분상승을 꿈꾸는 사람이 골프를 배우고 와인 감별법을 익히는 한편 클래식 음악을 공부하는 모습을 드라마나 영화를 통해 자주 목격할 수 있다. 그 배경에는 취향이 곧 그 사람의 계급을 드러내준다는 사실이 전제되어 있다. 이와 연관지어 프랑수아 부셰의 〈퐁파두르 후작 부인〉을 감상해 보면 책 읽기가 귀족의 여유로운 시간을 상징하고 있다는 사실을 알게 된다.

프랑수아 부셰, 〈퐁파두르 후작 부인〉, 1756.

값비싼 책장과 우아한 의자, 화려한 드레스 자락이 보는 이의 시선을 끌고 있는데, 그 가운데 유독 눈에 띄는 것은 퐁파두르 후작 부인이 슬쩍 들고 있는 책이다. 흩어져 있는 악보와 필기도구, 바닥에 떨어져 있는 꽃들이 다소 나태하면서도 여유로운 분위기를 형성하고 있다. 게다가 후작 부인이 비스듬한 자세로 들고 있는 책은 귀족만이 누릴 수 있는 특권이라 할 수 있는 휴식의 시간을 상징적으로 보여준다. 치열한 노동 대신 여유롭게 시간을 소비하고 있다는 사실을 말해주는 사물이 바로 책이다. 여기서 책은 귀족이라는 신분을 드러내는 수단이 된다. 부르디외가 말한 여가를 보내는 방법이 계급이나 신분을 드러내는 것임을 확인할 수 있는 작품이다.

안톤 에베르트, 〈잠들 때 읽어주는 동화〉, 1883.

한편 책읽기가 친밀한 감정을 나누는 행위임을 말해주는 작품도 있다. 안톤 에베르트의 〈잠들 때 읽어주는 동화〉는 책을 읽는 행위가 사적인 관계의 친밀감을 공유하는 것으로 재현되고 있다. 침대에서 아이들에게 동화를 읽어주는 엄마는 따뜻한 사랑을 전하는 모성애적인 존재로 그려져 있다. 화가는 엄마의 가슴에 손을 대고 있는 아이의 편안한 모습을 통해 동화를 읽는 것이 엄마와 함께 시간을 나누고 사랑을 느끼는 행위임을 말해주고 있다.

독서광으로 알려진 체 게바라에게 책읽기는 새로운 세상을 꿈꾸는 것이었다. 그에게 독서란 지금 발 딛고 있는 현실의 한계를 넘어서서 다른 세상을 상상하도록 이끄는 혁명과 같은 것이었다. 시가를 입에 문 채 책을 읽고 있는 체 게바라의 익숙한 사진은 현대인에게 독서가 갖는 이러한 의미를 전하고 있는 것이다.

03

독서의 가치

그림으로 살펴 본 독서의 풍경을 기억하며 독서가 갖는 가치가 무엇인지 정리해보기로 하자. 아래에 제시한 글은 회화에 재현된 책을 읽는 모습을 언급하며 독서가 갖는 의미와 현재적 가치를 말해주고 있다.

과일이나 꽃, 동물과 갖가지 사물 등을 이용해 사람의 얼굴을 표현하는 독특한 기법의 화풍으로 유명한 주세페 아르침볼도는 작품 〈사서〉에서 차곡차곡 쌓아올린 여러 권의 책들과 비스듬히 세워져 있거나 펼쳐져 있는 책 등으로 한 편의 특이한 초상화를 완성하고 있다. 그의 그림을 바라보면 "나는 내가 지금까지 읽은 책으로 구성된다."는 말이 떠오른다. 독서의 가치가 고스란히 담겨있는 이 말은 누군가의 정체성을 구성하는 것은 그가 지금까지 읽어온 책들이라는 사실을 말해준다. 어떤 책들을 읽는가를 보면 그 사람이 추구하는 삶의 가치, 취미, 혹은 숨겨진 욕망까지도 짐작할 수 있다.

지난 일요일에 잠시 들렀던 친구의 집에서 책꽂이에 나란히 꽂혀있던 책들을 바라보다 새삼 내 친구가 이런 생각을 하며 살고 있구나 생각했던 기억이 난다. 그녀가 좋아하는 작가, 관심 있는 주제, 하는 일 등이 그대로 드러나는 책장을 보니 내 친구의 마음 속자락을 들여다본 것 같은 착각마저 들었다. 그 때 잠시 내가 품고 있는 책들을 본 사람들은 나라는 사람의 세계를 또 어떻게 생각할까 하는 궁금증도 일었다. 영화나 드라마에서 졸부가 된 사람들의 서재에 항상 두꺼운 전집이 일렬로 배열되어 있었던 것도 이러한 궁금증과 무관하지 않다. 어떤 책을 좋아하며 어떤 책을 읽느냐는 어떤 생각을 하며 어떻게 살고 있는가의 문제이기 때문이다.

책 읽기가 귀족 신분을 드러내는 수단이었던 시절, 화려한 드레스 차림의 여인이 우아하게 시간을 보내는 장면을 그린 회화에는 곧잘 책이 주요한 소품으로 등장했다. 하얗고 긴 손가락에 들린 책은 노동 대신 휴식을 즐길 수 있는 귀족의 특권의식을 상징하는 기호였다. 하지만 책과 관련한 이미지 중에서 가장 강렬하게 다가왔던 것은 시가를 입에 문 채 독서에 몰입한 체 게바라의 모습이었다. 연설을 할 때 시를 인용하고, 아이에게 자장가 대신 시를 낭송해주었던 체 게바라에게 독서란 기본적으로 혁명이었다. 새로운 것을 꿈꾸고 다른 세상을 상상하며 세상을 바꾸는 것, 그것이 바로 책 읽기였다. 그러니 책을 읽는 행위는 사유하는 능력을 지닌 인간만이 누리는 신성하고도 소중한 일인 것이다.

그러나 동네 서점이 자취를 감추고 지하철이나 버스에서 책을 읽는 사람들의 모습이 사라진 오늘날의 현실은 "직장인 한 달 평균 독서량 0.8권"이라는 빈곤한 통계로 수치화된다. 물론 책을 읽지 않는 이유에는 여러 가지가 있을 것이다. 디지털 시대의 달라진 독서 환경 탓도 있을 테고 좀처럼 책을 읽을 여유시간을 내지 못해 읽고 싶어도 읽지 못하는 척박한 삶의 현실 탓도 있으리라. 그렇지만 바로 이 시점에서 우리는 미국의 언론인 얼 쇼리스가 노숙자나 빈민, 마약중독자와 죄수 등을 대상으로 인문학을 가르친 클레멘트 코스가 활성화되고 있는 사실에 주목할 필요가 있다. '가난한 사람들을 위한 인문학 수업'인 클레멘트 코스가 미국 사회는 물론 우리 사회에도 '희망의 인문학'을 전파하고 있다. 인문고전을 읽고 토론을 하면서 생각이 바뀌고 종국에는 삶의 방식이 바뀐 사람들은 오늘의 절망을 버리고 내일의 희망을 선택하게 되었다. 그들이 접한 인문학은 새로운 삶을 꿈꿀 수 있는 희망을 선물해주었던 것이다. 그리고 그 선물이란 바로 생각하는 능력, 그것이다. 내면이 변화되면 다르게 살 수 있고, 타인과 다른 나만의 세계가 이루어질 수 있다는 기적과 같은 진리는 실용서적만을 찾아 읽는 현대인에게 울리는 일종의 경종이다.

문학을 포함한 인문학 독서는 타자의 아픔을 공감하고 이해하도록 이끈다. '너'에 대한 이해 없이 '나'의 삶은 행복할 수 없다. 책을 읽으며 지식을 얻고 생활에 필요한 아이디어도 얻지만 그것이 '나'의 삶만 윤택하게 하는 것이라면 결과적으로 '나'의 삶 역시 불행하게 될 것이다. 실존적 고독을 절감하게 되는 이 가을에, 책을 읽어야 하는 이유는 행복한 인간이 되기 위해서이다. 진짜 행복한 사람은 그렇게 하루하루 성숙해가는 사람이리라. 따뜻한 차 한 잔을 옆에 두고 책장을 넘기는 시간이 햇살 좋은 이 가을을 아름다운 시간으로 바꿔줄 것이라 믿는다.

– 김화선, 「가을에 생각해 본 책 읽기의 가치」 –

◈ 연습문제 ◈

1. 교양적 차원에서 독서가 갖는 의미를 서술하시오.

2. 계몽적 관점에서 바라본 독서의 가치를 설명하시오.

3. 오늘날과 같은 지식정보사회에서 독서가 갖는 의의를 설명하시오.

4. 책을 읽는 모습을 담은 회화를 예로 들어 독서가 갖는 의미를 설명하시오.

5. "나는 내가 지금까지 읽은 책으로 구성된다"는 문장이 의미하는 바를 설명하시오.

6. 자신이 생각하는 독서의 가치를 인문학적 관점에서 설명하시오.

제 05 강

독서의 방법

01. 독서의 기술
02. 단계별 독서법

01

독서의 기술

> 독서란 작가의 정신과 독자의 정신이 페이지 위에서 만나 대화를 나누는 것이다.
>
> – 조르쥬 풀레 –

굳이 조르쥬 풀레의 말을 빌지 않더라도, 독서란 일종의 대화이다. 일상적인 대화에서도 소통이 원활해지기 위해서는 상호간의 대화의 기술이 요구된다. 가령 면대면으로 이루어지는 대화의 경우 의사전달의 과정에서 언어적 요소가 차지하는 비중은 다른 요소들이 차지하는 비중에 비해 대단히 미미하다. 구술 언어의 경우 언어 외적 요소가 차지하는 비중은 93%, 언어적 요소가 차지하는 비중은 단 7%에 지나지 않는다고 한다. 따라서 면대면 대화에서는 언어적 기술은 물론이거니와 제스처나 표정 등 비언어적 요소나 억양이나 어조 같은 반언어적 요소들에 대한 적절한 기술이 요구된다.

독서는 독자와 작가가 페이지 위에서 만나 이루어 내는 대화이다. 이때 말을 걸고 듣고 질문을 하는 등 주도적이고 능동적인 위치에 있어야 할 사람, 즉 대화를 주도해 나가야 할 사람은 페이지 속의 작가가 아니라 책을 읽어나가고 있는 독자 자신이다. 따라서 대화 상대자의 표정이나 제스처, 혹은 상호간의 처지나 상황을 가늠할 수 있을 만한 언어 외적 단서가 전혀 없는 상태에서 대화를 주도해야 할 독자는 페이지 위에서 작가와 대화를 나누는 기술을 터득해야 한다.

글을 안다고 해서 모두가 페이지 위에서 저자/작가와 만나 대화를 나눌 수 있는 것은 아니다. 작가가 하는 말의 의미나 의도를 잘못 오해하거나 전혀 이해할 수 없는 경우도 있고, 혹은 독자가 제대로 작가의 말을 이해했는지 확인해줄 작가도 존재하지 않는다. 그래서 해롤드 블룸은 모든 독서는 "오독"이라고 주장하기까지 했다.

일상적인 대화에서도 우리는 어린 아이와 대화를 나눌 때나 우리와 비슷한 지적 수준을 가지고 있는 사람과 대화를 나눌 때, 혹은 나보다 특정 분야에 대한 지식의 정도가 많고 깊어서 상대의 말을 따라가기가 버거운 상대와 대화를 나눌 때 등, 대개 경우의 수만큼의 대화의 기술을 암암리에 터득하고 있다.

그런데 우리가 읽는 책의 저자는 독자인 우리 자신보다 책에서 다루고 있는 주제에 관한 한 더 높은 수준의 지식을 갖고 있는 사람인 경우가 대부분이다. 따라서 우리는 독서를 할 때 나보다 높은 지적 능력을 갖고 있는 사람과 대화를 나누는 기술을 터득할 필요가 있고, 또한 그런 독서 행위를 통해 독자인 우리 자신의 정신도 저자와 대화를 나눌 수 있을 만큼의 지적 수준으로 높아질 수 있다.

결국 독서의 기술이란 읽고자 하는 책 그 자체를 제외하고는 어떤 것의 도움도 받을 수 없을 때, 독자 정신의 수행 능력만을 가지고 독자 자신의 정신을 끌어올리는 과정이라고 말할 수 있다. 따라서 그것은 단번에 터득될 수 있는 것이 아니라 일정한 단계를 밟아가며 향상될 수 있다. 기술이란 미숙련에서 숙련의 단계로 나아가는 일정한 연습과 훈련을 통해 연마될 수 있는 것이며, 그 기술은 낮은 단계에서 높은 단계로 발전하고 성숙해 나가는 특성을 지닌다.

1 독서의 기술을 획득하기 위한 독서법

독서의 기술은 낮은 단계에서 높은 단계로 나아가는 단계성을 지닌다. 따라서 수준별 독서법이라고도 명명될 수 있는데, 그것은 크게 네 개의 단계로 나뉜다.

1단계인 초등적인 독서법은 책이 무엇을 말하고 있는가를 파악하는 독서법이다. 이 기술을 익히고 나면 2단계인 훑어읽는 독서법으르 나아가는데, 여기서는 빠른 시간 안에 한 권의 책이 어떤 책인지에 대한 정보를 최대한 많이 알아내는 독서법이라 할 수 있다. 3단계인 분석적 독서법은 책에 대한 꼼꼼한 읽기를 통해 책이 무엇을 어떤 방식으로 말하고 있으며, 책의 저자가 그런 방식으로 메시지를 전달하는 의도는 무엇이고 그것에 대해 저자인 나는 그것을 어떻게 해석하고 받아들여야 하는가 하는 것에 이르기까지 한 권의 책에 대한 가장 깊이있고 분석적이면서 비평적인 독서법이다. 이 단계의 기술을 연마한 후에야 마지막 단계인 신토피칼 독서법(신토피콘)으로 나아갈 수 있다. 신토피콘은 간단히 말해 하나의 주제를 탐구하기 위해 여러 권의 책을 동시에 읽는 독서법으로 '종합적 책읽기'라고 번역되기도 한다.

2 읽기를 배우는 단계

4단계의 독서법을 살펴보기에 앞서, 읽기를 배우는 일반적인 단계를 살펴보기로 한다. 우리는 보통 글자가 아니라 '음성언어를 들어서 개념을 파악하는 단계'에서 다양한 '언어경험을 통해 개념을 파악하는 단계', '보아서 단어를 아는 단계', '언어의 변화로 아는 단계', '혼자 책을 읽기 시작하는 단계', '읽기를 통해 다른 것을 배우는 단계', '내용에 따라 조절해서 읽는 단계'를 거쳐서 읽기를 배우게 되며, 이는 단계적이고 순차적인 방식으로 진행되는 발전의 과정이다. 여기서 읽기의 기술이 요구되는 단계는 바로 다섯 번째 단계인 혼자 책을 읽기 시작하는 단계에서부터이다.

혼자서 책을 읽을 수 있게 되면 독서를 통해 다른 것들을 스스로 배울 수 있는 준비가 된 셈이다. 그러나 배움에는 여러 가지 종류가 있듯이 우리가 접하는 책에도 여러 종류가 있다. 우리는 여러 가지 필요한 독서법, 즉 독서의 기술을 터득함으로써 혼자서도 평생 동안 우리가 필요로 하는 것들을 스스로 배우고 학습할 수 있는 능력을 갖추게 되는 셈이다.

02

단계별 독서법

1 초등적인 독서법

초등적인 독서는 문맹 상태에서 가장 기초적인 읽고 쓰기를 할 수 있는 단계로 나아가는 독서이다. 이는 반복적인 기초훈련을 통해 이루어지며 대개의 경우 유치원이나 초등학교에서 이루어지는 읽기 교육이다. 이 단계에서 목표로 하는 것은 말 그대로 글자를 해독할 수 있는 능력을 획득하는 것이다. 초등적 독서의 4단계는 다음과 같다.

초등적 독서의 4단계
1단계: 읽기의 준비기(취학전 유치원 시기의 어린이를 대상으로 함)
2단계: 단어 습득기(초등 1학년 정도의 어린이를 대상으로 함)
3단계: 어휘력 신장과 문맥 파악(초등학교 4학년 말 경 획득)
4단계: 혼자서도 책을 읽을 수 있음(역량에 따라 초등학교 졸업 무렵부터 중고등학교 시기에 습득)

2 훑어읽는 독서법

초등적인 독서법 다음 단계는 훑어읽는 독서법을 익히는 것이다. 이것은 빠른 시간 안에 한 권의 책 속에서 자신이 원하는 정보를 알아내기 위한 독서법이다. 따라서 이 독서의 기술을 익히기 위해서는 미리 전제되어야 할 것들이 있는데, 어느 정도 단어에 막힘이 없을 정도의 어휘력을 갖고 있어야 하고, 문법이나 문장구조에 구애받지 않고서 한 권의 책을 거침없이 읽어나갈 수 있을 정도의 문해력이 갖춰져 있어야 한다. 이것은 초등적인 독서법에서 충분히 훈련이 되어 있어야만 가능하다.

2단계 독서법인 훑어읽는 독서법에는 두 가지 유형이 있는데 이것은 동전의 양면처럼 한 기술의 두 측면이라 할 수 있다. 숙련된 독자는 두 유형의 독서법을 동시에 수행하지만, 처음 이 독서법을 익히는 초보자라면 두 가지 유형의 독서법을 각각 하나씩 익히다가 어느 정도 숙달이 되면 두 가지를 동시에 수행할 수 있게 된다.

훑어읽는 독서의 제1유형은 체계적인 대충읽기 혹은 미리읽기라고 이름붙일 수 있다. 이는 우리가 읽고자 하는 책이 어떤 책인지, 혹은 우리가 서점이나 도서관에서 어떤 책이 현재 나에게 필요한 책인지, 그리고 한 권의 책에서 자신에게 필요한 정보만을 빠른 시간 안에 알아낼 수 있는 독서법이다. 이것은 우리가 평생 책을 통해 뭔가를 배우고자 할 때 매우 유용한 독서의 기술이다.

대충 읽는 독서는 표제와 서문, 목차, 색인을 통해 책에 대한 대략적인 정보를 알아낼 수 있고, 본문의 처음과 끝 부분은 대개 본문의 내용에 대한 소개나 요약이 나올 가능성이 높기 때문에 빠른 시간 안에 서론의 시작과 끝을 훑어서 본론의 내용을 추론해내며, 책장을 대충 넘겨가면서 속독으로 책이 말하고자 하는 것이 무엇인지를 알아내는 방식으로 이루어진다.

훑어읽는 독서의 제2유형은 이해가 되든 안 되든 한 권의 책을 앉은자리에서 다 읽는 일종의 속독법이다. 대개의 경우 어렵고 지루한 책을 읽다보면 책을 끝까지 읽기 힘든 경우가 많다. 이런 경우에 유용한 독서법이다.

한마디로 말해서 제2수준의 독서법인 훑어읽는 독서법은 정독할 책과 발췌독할 책, 읽지 않아도 될 책 등을 가려내는 데 유용한 독서법으로 초등적인 책읽기와 마찬가지로 모든 독서 활동에서 가장 기본이 되는 독서의 기술이다.

3 분석적 독서법

제3단계 분석적 독서법은 어떤 책에 대해 이해, 분석, 평가까지 나아가는 것을 목표로 하는 가장 꼼꼼하고 정독하는 독서의 기술이다.

먼저 분석적 독서의 1단계인 이해의 규칙들은 다음과 같다.

1. 어떤 종류의 책인가를 가능한 한 빨리, 혹은 읽기 전에 알아야 한다.
2. 한 권의 책을 한 문장 혹은 많아야 서너 문장으로 요약할 수 있어야 한다.
3. 책의 구성 혹은 전체 조직 원리를 설명할 수 있어야 한다.
4. 저자가 갖고 있는 문제가 무엇인지를 발견할 수 있어야 한다.

분석적 책읽기의 2단계인 해석의 규칙들은 다음과 같다.

5. 중요한 단어를 찾아 그것을 실마리로 하여 저자와 대화하라.
6. 책의 중요한 문장들 속에서 요지를 발견하고, 그것을 자신의 말로 바꿔 다시 표현해 본다.
7. 책의 주제나 핵심적인 생각을 언급하고 있는 부분을 찾아낸다.
8. 저자의 해결책이 무엇인지를 찾아낸다.

분석적 독서의 3단계는 비평의 규칙들이다.

9. 동의한다, 반대한다, 판단을 보류한다 라고 말하기 전에, 먼저 이해한다고 확실하게 말할 수 있어야 한다.
10. 저자와 생각이 다르다고 언쟁을 벌이려고 하지 말고 이성적으로 행동하라.
11. 자신의 비평적 판단에 근거를 제시하고, 지식의 차이와 의견의 차이를 명확히 구분하라.
12. 저자의 지식이 부족한 곳을 제시한다.
13. 저자의 지식에 오류가 있는 부분을 지적한다.
14. 비논리적인 곳을 제시하라.
15. 저자의 분석이나 설명이 불충분한 곳을 지적하라.

4 4단계 신토피칼 독서법

신토피칼 독서는 한 권 이상의 책이 하나의 문제와 관련된다는 점과, 그런 문제에 대한 답변을 구하기 위해서는 여러 권의 책을 읽어야 한다는 사실에서 출발하는 독서법이다.

신토피칼 독서는 총 5단계로 구성되는데 그것은 다음과 같다.

제1단계에서는 관련된 부분을 찾는다. 이는 독자의 목적에 맞는 부분을 여러 권의 책 속에서 골라내는 단계인데, 여기서는 2수준의 독서법인 훑어읽는 독서법을 활용하여 책의 본래 내용이나 의도와 상관없이 독자의 관심 주제에만 초점을 맞춰 책을 훑어 읽는다.

2단계에서는 저자들이 서로 타협하게 한다. 같은 주제를 다루고 있다고 해서 서로 다른 책의 저자들이 모두 같은 용어를 사용하거나 같은 의미로 사용하고 있는 것은 아니다. 따라서 이 단계에서는 독자의 적극적인 참여가 필수적이며, 상당 정도의 번역을 독자 스스로 해내야 한다.

3단계에서는 질문을 명확히 한다. 독자가 탐구하고 있는 문제의 실마리를 제공해 줄 일련의 질문들을 정해 놓고, 각각의 저자들이 그 질문에 대해 어떤 대답을 하고 있는지를 알아본다. 독자가 탐구하고 있는 문제의 실마리를 제공해 줄 일련의 질문들을 정해 놓고, 각각의 저자들이 그 질문에 대해 어떤 대답을 하고 있는지를 알아본다.

4단계에서는 논점을 정한다. 독자가 탐구하고 있는 문제에 대해 저자들이 어떤 식으로든 답하고 있다면, 이미 하나의 논점이 정해진 것이다. 저자들 사이의 의견 일치와 불일치 등을 판별하여 각각의 입장들을 구분하고 알기 쉽게 배열해야 한다.

5단계에서는 논의를 분석한다. 진실은 질문에 대한 일련의 답변들 속에 있는 것이 아니라, 오히려 서로 대립되는 답변들의 갈등 속에서 발견된다. 해결책은 독자에 의해 정돈된 논의들 그 자체 속에 존재한다. 어떤 문제에 대한 논의를 철저히 분석하는 것은 그 문제를 혼자서 연구할 때보다 생산적이다.

신토피칼 독서(신토피콘)에서 특히 중요한 것은 하나의 생각은 여러 가지 용어나 개념으로 달리 표현될 수 있다는 것과, 각 저자의 개별성과 독특성은 존중되어야 한다는 점이다.

◈ 연습문제 ◈

1. 독서의 네 단계를 설명하고 각 단계 및 수준의 관계를 설명하시오.

2. 초등적인 독서법에 대해 설명하시오.

3. 훑어읽는 독서법의 두 유형은 무엇인가?

4. 두 유형의 관계를 설명하시오.

5. 분석적 독서법에는 몇 단계의 규칙들이 있는가?

6. 신토피칼 독서법이란 무엇인가?

7. 신토피칼 독서의 5단계는 무엇인가?

8. 신토피칼 독서에서 중요한 사항 두 가지를 말하시오.

제 06 강

나라별 독서교육 현황

01. 독서교육 관련 이론 정리
02. 다른 나라 언어교육의 성격
03. 독서교육의 구조적 저해 요인
04. 나라별 좋은 사례

01

독서교육 관련 이론 정리

1 독서의 세 가지 기능

독서지도는 학습자를 자극 발전시키기 위해 독서의 세 가지 기능을 효과적이고, 효율적으로 활용할 수 있도록 읽히는 과정이다. 나아가 학생 스스로 책을 읽고 싶도록 관계조건을 조성함으로써 건전한 인간 형성을 위한 교육적 활동을 뜻한다. 여기서 독서교육의 세 가지 기능이란 바로 생활의 도구로 쓰이는 기능, 사고와 학습의 도구로 쓰이는 기능, 언어 예술 문학의 가능이 그것이다. 이는 책을 읽는 목적 및 방법과 뗄레야 뗄 수 없는 관계에 놓여 있다. 이 세 가지 기능 중 어떤 기능을 중요시 하느냐에 따라 독서의 방법이 달라지며 독서교육 및 독서지도의 방향도 달라지게 된다.

2 독서교육의 필요성

독서는 인간의 사고력을 신장시키고 가치관 형성에 가장 큰 영향을 줄 뿐만 아니라, 진실된 삶의 의미와 인간 정서를 순화시켜 주는 등 인간 성장에 필수적인 역할을 한다. 따라서 유년 시기부터 연령과 지적 발달에 알맞게 독서 안내와 독서에 대한 흥미를 유발시키고, 책 읽는 방법을 올바르게 가르쳐서 독서의 효과를 높여주는 기초 독서 교육과 기능 독서 교육이 필요하다.

3 독서교육의 원리

독서교육/지도는 다음의 10가지 원리에 기반하여 이루어져야 한다.

(1) 자발성의 원리: 독서를 강제로 시키지 않고, 어린이의 자발적인 독서 의욕을 유발시킨다.

(2) 흥미의 원리: 어린이의 흥미에 따라 독서를 시킴으로써 독서의 효과를 높이고, 독서에 대한 흥미 자체를 끌어 올린다.

(3) 발달의 원리: 성장 발달 도상에 있는 어린이들을 대상으로 하는 독서 지도는 개인차에 따른 충분한 배려가 필요하다.

(4) 목적의 원리: 독서의 목적을 명확히 이해시켜 그것을 달성했을 때 기쁨을 느껴보게 하여 독서 효과를 높인다.

(5) 생활과 통합의 원리: 독서를 개인의 생활과 유리시키지 않고 다른 모든 활동과 결부시켜서 그의 인격적 적응의 영위에 통합시킨다.

(6) 개성화의 원리: 독서에 의하여 자기 자신의 자각을 촉진시키고 개성을 신장시킨다.

(7) 사회화의 원리: 독서는 형식적으로는 개인적 행동이지만 내용적으로는 매스컴의 등장으로 그 사회에 폭넓게 참가함으로써 독서 활동 그 자체를 사회화하는 기회로 만든다.

(8) 환경화의 원리: 좋은 독서 환경을 조성하고, 독서를 저해하는 조건을 배제시켜 학생 스스로도 건전한 독서 환경 형성에 참가하도록 한다.

(9) 평가의 원리: 독서 지도는 목적을 갖는 독서 활동이므로 언제나 지도의 효과를 평가해서 목적의 실행을 확인하고 방법 개선에 힘써야 한다.

(10) 치료의 원리: 독서 발달이 너무 뒤떨어져 있거나 문제점을 가지고 있는 학생에 대해서는 그 원인을 제거하고 정상적으로 회복시키기 위한 특수 지도가 필요하다.

4 독서교육의 유형

독서교육의 유형에는 크게 개별지도와 집단지도가 있다. 개별지도란 개개인의 흥미, 개성, 능력에 따라 학생과 교사간의 인간관계의 교제를 통하여 지도를 펼쳐 나가는 지도 계획이며, 집단지도는 몇 사람으로 편성된 집단을 단위로 하여 펼쳐 나가는 지도 계획이다.

02

다른 나라 언어교육의 성격

1 미국의 경우

미국의 언어 및 독서 교육은 개별지도보다는 집단지도가 주를 이루며, 언어교육의 측면에서도 이해보다는 표현 기능의 신장에 강조점을 두는 경향이 있다. 언어의 네 가지 영역 중 보통 말하기와 쓰기를 표현기능으로, 듣기와 읽기를 이해기능으로 분류하는데, 미국의 언어교육은 듣기와 읽기를 전제로 한 말하기와 쓰기 교육에 중점을 둔다. 이는 듣기와 읽기를 사고와 학습의 기능으로 보아 모든 교육의 기반이 되는 기초교육으로 본다는 것을 의미한다.

2 캐나다의 경우

캐나다의 경우 교육과정은 교과별로 제시되는 체제라기보다는 성취해야 할 목표로만 설정된다. 그리하여 각각의 목표에 도달하기 위해 필요한 교과목을 제시하는 중핵 교육과정을 지향한다. 그런데 13개의 목표 중에서 절반이 넘는 7개의 목표가 독서 관련 교과이다. 독서 교육이야말로 다른 지식 혹은 교과의 전제이자 바탕이 되는 기초교양교과로 보아 다른 지식이나 과목과 융합된 언어교육을 지향한다.

3 독일의 경우

독일의 독서교육은 다른 교과의 바람직한 학습 결과를 가져오기 위한 필수불가결한 전제로서 특히 강조되고 있다. 독서교육은 그 자체로서 의미를 가진다기 보다는 다른 모든 학습의 도구 교과로 간주되고 있는 셈이다.

언어교육에 있어서도 그 자체로서의 교과로서의 의미보다는 다른 교과 활동에 필요한 이해 및 의사소통 능력, 나아가 일상적인 개인 및 사회적 삶에 필요한 의사소통 능력이라는 차원에서 중시된다.

독일의 언어 및 독서 교육은 이처럼 그 자체의 목적이나 목표 설정이라는 교과적 특수성을 강조하기 보다는 교육이라는 일반성이라는 측면에서 도구교과로서 혹은 교육의 수단으로서 간주된다.

4 프랑스의 경우

프랑스는 전통적으로 언어교육을 중요시하는 나라로 손꼽혀 왔다. 프랑스의 언어교육은 다른 교과 및 학습의 도구교과로서의 성격이라는 독일식 언어교육의 관점을 좀더 극대화한 것이다. 다시 말해서 프랑스의 언어교육은 생존의 제1도구로서 인간이 인간답게 살기 위해 반드시 갖춰야 할 덕목으로 중요시된다. 또한 전 교과과정을 통해 언어 능력 신장을 가장 중요하게 여기며 언어 활용 능력 뿐만 아니라 언어 지식에 대한 학습도 중요시한다. 또한 언어 지식에 대한 교육, 가령 문법이나 언어철학, 언어사 같은 언어 지식에 대한 학습도 개념 습득 위주의 학습법이 아닌 발견학습법을 통해 학생 스스로 언어에 대한 지식을 터득해 나가도록 유도함으로써 언어 자체에 대한 메타적 이해를 꾀하는 방식으로 이루어진다. 독서교육에 있어서도 단순한 이해 차원을 넘어 텍스트에 대한 다양한 해석이나 비평적 사고를 요구하는 수준에서 이루어진다. 이는 프랑스의 교육 이념이 개성중시의 교육이라는 점과 무관하지 않을 것이다.

5 일본의 경우

일본의 언어 및 독서 교육은 언어능력 신장을 제1의 목표로 삼는다. 또한 언어 및 독서 교육을 통해 사고력, 상상력, 언어 감각 계발 및 신장에 중점을 두며 자국어 존중의 태도 함양을 중요시한다. 또한 우리나라와 마찬가지로 언어교육에서 자국어는 물론이고 한자 교육도 중시하고 있다. 이는 한자 문화권에 속한 대부분의 나라들에서 나타나는 공통된 성격이기도 하다.

03

독서교육의 구조적 저해 요인

오늘날 독서 및 독서교육을 저해하는 구조적인 요인들을 크게 다섯 가지 측면에서 살펴볼 수 있다.

먼저 시대적인 측면에서, 오늘날 각종 매스컴이나 시청각 문화, 물질문화 등의 발달은 다양한 오락과 유흥에 대한 접근을 손쉽게 만듦으로써 사람들로 하여금 격조 높은 사고를 싫어하고 향락적이고 즉흥적인 문화가 대세를 이루게끔 하여 독서로부터 사람들을 더욱 멀리하게 하는 시대적인 요인으로 작용하고 있다.

둘째, 사회적인 측면에서, 우리나라는 여전히 다른 나라에 비해 평생 교육의 장으로서의 도서관 및 독서환경이 빈약하고, 국민들의 독서 의식 또한 다른 선진국에 비하여 지극히 저조하다. 이는 경쟁을 중시하는 성공 위주의 교육철학이 가져온 부작용이기도 하다.

셋째, 가정적인 측면에서, 한 가정의 모범을 보여야 할 부모들의 독서가 저조하고(20세 이상 성인의 60%이상이 연간 1권의 책도 읽지 않는다는 조사 통계) 자녀들에게 입시 공부만 강요하고 있다는 점도 독서를 저해하는 중요한 장애물로 작용한다.

넷째, 학교 및 교육적인 측면에서도 입시 위주의 수업에 치중하고, 독서시간, 독서지도가 정상적으로 이루어지지 못하고 있으며 학교 도서관이 활성화되지 않고 있는 등의 문제점이 있다.

마지막으로 국가적인 측면에서, 도서관 설치수 부족과 도서관 시설의 미흡 및 도서관 장서 부족, 그리고 매년 도서관 운영 예산의 부족과 도서관 운영 요원의 미비로 도서관 운영이 제대로 실시되지 못하고 있다.

이같은 구조적인 저해요인들로 인해 오늘날 독서 인구가 점점 감소되고 있는 추세이다.

04

나라별 좋은 사례

1 영국의 사례

영국은 1992년부터 버밍햄 도서관과 보건국, 그리고 대학 당국의 주도로 전국민 독서진흥 운동이 다각적으로 전개되고 있다. 가령 생후 8개월 정도 된 아이를 보건센터로 데려오면 거기서 건강검진도 해주면서 부모들에게 아이에게 읽힐 책을 몇 권씩 권해 주는 식으로 아주 어릴 때부터 체계적인 독서교육이 이루어지도록 제도적으로 뒷받침하고 있다. 또한 부모들에게 차후의 독서교육에 대한 조언같은 것도 해주면서 유아 때부터 가정에서 자연스럽게 독서교육이 이루어지도록 한다.

아울러 유아에게 '부직포' 재질로 되어서 입으로 물고 던지고 해도 아무 상관없는 책들을 대여해 줌으로써 유아가 장난감처럼 책과 가까워지도록 하고, 보건소에서 나이에 맞춰서 책을 조금씩 업데이트시켜 주는 방식으로 유아가 책과 더불어 성장해 가도록 설계된 독서교육 정책을 펼치고 있다.

2 미국의 사례

미국의 경우, '그레이트북스' 재단의 일반 시민을 대상으로 하는 독서 프로그램은 뜻과 시간만 있다면 국민 누구나 수준높은 독서활동에 참여할 수 있도록 하는 체계적이고 짜임새 있는 상시적인 독서 교육의 좋은 사례이다.

또한 미국의 명문 사립 중고등학교에서 실시되고 있는 수준높은 인문독서 교육 프로그램은 최고 수준의 신토피칼 독서 훈련을 통해 사고력과 창의력, 문제해결력을 갖춘 진정한 리더를 육성하는 교육활동으로 유명하다.

3 핀란드의 사례

핀란드의 교육은 철저히 학과융합, 지식통합적인 생활밀착형 교육을 지향한다. 따라서 독서교육 역시 다른 지식이나 교과와의 관련성 속에서 이루어지는 특징을 지닌다. 가령 '빵과 인간'과 같은 초등 고학년 정도 수준의 지식융합적 교과 과목의 경우, '빵의 역사' '예술 작품에서 빵이 재현되어온 방식' '종류별 빵을 만드는 방법' '각 문화권의 빵의 종류와 유래' '빵이 상품화되는 과정' '빵 한 덩이를 조원들에게 분배하는 올바른 방식 찾기' 등 다양한 주제로 체험교과적인 교육이 이루어지는데, 이때 독서 및 독서토론 등은 수업의 필수적인 구성요소로서 중요한 역할을 하게 된다.

◈ 연습문제 ◈

1. 독서의 세 가지 기능을 약술하시오.

2. 독서 교육은 왜 필요한가?

3. 독서 교육의 원리 중 생활과 통합의 원리가 무엇인지 설명하시오.

4. 독서지도의 두 가지 유형을 설명하시오.

5. 캐나다와 독일의 언어 및 독서 교육의 성격을 비교 설명하시오.

6. 독서교육의 구조적인 저해 요인을 시대적인 측면에서 지적해 보시오.

7. 나라별 독서교육의 좋은 사례들 가운데 영국의 사례를 예로 들어 설명해 보시오.

제 07 강

아동문학의 역사

01. 아동문학의 개념
02. 아동의 발견 혹은 아동의 탄생
03. 아동과 교육의 관계
04. 아동문학의 기원
05. 아동문학의 탄생 배경
06. 한국 아동문학의 역사적 전개

01

아동문학의 개념

아동문학가 이재철에 따르면 아동문학이란 작가가 아동이나 童心을 가진 아동다운 성인에게 읽히기 위해 쓴 모든 저작으로 문학의 본질에 바탕을 두면서 어린이를 위해(目的 · 對象), 어린이가 함께 갖는(共存), 어린이가 골라 읽어온 또는 골라 읽어갈(選擇 · 繼承) 특수문학(特殊文學)으로서, 동요 · 동시 · 동화 · 아동소설 · 아동극 등의 장르를 통틀어 일컫는 명칭이다. 그리고 석용원은 작가가 아동이나 동심의 고향으로 돌아가고 싶어 하는 어른에게 읽힐 것을 목적으로 창작한 시, 동화, 소설, 희극 등을 총칭하는 것으로 아동문학의 개념을 규정하고 있다. 이상현은 「아동문학강의」에서 작가가 동심을 가지거나 이를 의식하면서 어린이들이 이해할 수 있는 문장으로 동심의 세계를 조명하거나 묘파하는 문학이라고 말하고 있다.

광의의 개념에서 아동문학을 규정할 때 아동을 상대로 쓴 모든 문학작품은 아동문학에 속한다. 작가는 성인 작가를 비롯하여 아동 작가까지 포함하며, 독자층도 유아와 아동은 물론 청소년과 성인까지 포함한다. 반면 협의의 개념에서 아동문학은 성인 작가, 즉 아동문학가가 아동을 대상으로 창작한 모든 문학작품을 일컫는다. 작가는 성인, 즉 아동문학가에 한정되며 독자층은 아동을 비롯하여 동심을 가진 어른들까지 포함된다.

아동문학의 개념을 규정할 때 중요한 의미를 지니는 단어가 바로 동심이다. 동심을 표현한 문학을 아동문학으로 이해하는 일반적인 견해와 어린이나 동심을 지닌 어른이 아동문학의 독자에 포함된다는 사실에서 동심이 차지하는 중요한 위상을 짐작할 수 있다. 여기서 동심이란 '아동/어린이'라는 주체의 내면을 가리키는 이름이다. 어린이의 내면세계를 지칭하는 동심은 또한 아동문학사에서 긴요하게 논의되었던 '아동의 발견'이라는 문학적 사건의 구체적 표상체계와도 연결된다. 일반문학과 다른 성격을 지닌 아동문학이 성립되기 위해서는 먼저 아동이 단순히 어른의 축소판이 아니라 독자적인 요구와 관심을 가진 존재로서 인정받을 수 있어야 한다. 그래야만 일반문학과는 질적으로 다른 아동문학을 논의할 수 있기 때문이다. 요컨대 아동문학이란 아동을 독립된 인격으로 발견한 근대적 사고에 의해 형성된 '문학'인 것이다.

02

아동의 발견 혹은 아동의 탄생

아동문학이 무엇인가를 명확히 이해하기 위해서는 아동문학의 전제가 되는 아동이 어떻게 어른과 구별되는 존재로 인식되기 시작했는가를 먼저 생각해보아야 한다. 근대사회 이전의 전통사회에서 아동은 兒, 童, 童蒙, 幼, 兒孩 등으로 지칭되는 연약하거나 작다고 표현되는 존재였다. 말하자면 신체적으로 미성숙한 존재였던 것이다. 뿐만 아니라 '어둡다', '어리석다'와 같은 수식어구로 지칭되는 정신적으로 미성숙한 존재로 이해되었다. 하지만 통과의례를 거치고 나면 어른으로 인정받게 되었는데, 이는 어린이가 성장해가는 것으로 이해하는 오늘날의 관점과는 다른 것이다. 통과의례는 아동이 어른의 세계로 진입하는 문턱인 셈이다.

반면 근대적 관점에서는 아동과 어른을 연속적인 단계로 인식한다. 즉, 하루아침에 아동/어린이에서 어른으로 변신하는 것이 아니라 유아기와 어린이기, 그리고 청소년기를 거쳐 서서히 어른으로 성장해가는 것으로 이해한다. 인간의 생애를 일정한 주기로 받아들이고 그 생애의 단계 속에서 아동, 어린이는 어른과 구별된다. 그러므로 幼, 童, 兒, 兒孩, 少年이라는 단어를 대체한 소년, 어린이, 아동이라는 존재는 아동기(childhood)로 일컬어지는 생애의 단계와 연결되는 것이다. 이러한 인식의 변화가 아동, 어린이를 바라보는 관점 속에 자리한다.

아동의 발견이나 아동의 탄생이라는 화두는 1990년대 후반 이래, 아동문학 연구자들에게 던져진 공통의 화두라고 할 수 있다. 저명한 일본의 학자 가라타니 고진은 그의 저서 「일본 근대문학의 기원」에서 "아동이 객관적으로 존재하고 있다는 것은 누구에게나 자명하게 보이지만, 우리가 보고 있는 것 같은 '아동'은 극히 최근에 형성되었다"고 지적한 바 있다. 한국의 학계에 끼친 고진의 영향력은 대단한 것이었는데, 그의 이러한 언급은 아동을 다시 생각해보게 하고 더불어 아동과 관련된 제도 전반을 제고하는 계기가 되었다.

이에 더하여 아동을 전근대사회와는 다른 관점에서, 그야말로 새로운 존재로 발견한 것과 관련된 논의는 필립 아리에스의 연구에 기대는 바가 크다. 아리에스의 저작 「아동의 탄생」에 의하면, 중세시대까지는 아동을 단지 '작은 어른'으로 받아들였고 아동을 모든 종류의 의존이라는 관념과 결부지어 인식하였다고 한다. 오늘날 우리가 어린이라고 부르는 나이 어린 인간만이 아니라 주인에게 의존하는 모든 사람들, 예컨대 종복, 직공, 군인 등이 모두 아동으로 불리었다고 하는데 이러한 사실은 오늘날 우리가 합의하고 있는 아동이라는 개념이 적어도 이 시기에는 존재하지 않았음을 말해준다. 근대에 이르러서야 비로소 아동기가 자각되고 아동은 아이다움이라는 속성인 동심을 지닌 존재로 인식되기에 이른다.

아리에스가 주장한 바와 같이 근대적 가족제도와 교육제도는 아동을 성인사회로부터 분리시키는 획기적인 제도로 기여하였다. 16~17세기를 전후하여 어른들 틈에 섞여 있던 아동들은 이미 훼손된 어른들의 세계로부터 보호받고 특별한 방식으로 양육되어야 할 존재로 부각된다. 그리고 어른과 달리 순진무구한 아동을 교육하는 일이 중요하다는 인식이 확산되면서 아동을 체계적으로 훈육하고 교육시키기 위한 학교가 제도적으로 발전하게 된다. 바로 여기에서 학교라는 근대적 교육제도가 중요한 의미를 지니는 것이다.

이처럼 아동/아동기가 특별한 의미를 부여받으며 역사적으로 부상하는 지점에는 학교라는 근대적인 제도가 자리하고 있다. 학교는 전통사회에 속해 있던 아동을 학생이라는 이름으로 호명하며 어른들의 세계에서 그들을 분리해낸다. 아직 성인이 되지 못한 미성숙한 존재였던 아동은 학교교육과 학령(學齡)에 의해 재구성되는데, 근대적 아동은 이렇게 학령에 따라 표준화된 집단에 배치되었다. 다양한 연령대의 사람들이 함께 모여 공부를 하던 전근대적인 교육 방식과 달리 근대적 학교는 학령에 의거하여 아동을 재구성한다. 다시 말하자면 일종의 균질화된 학생 집단을 생산하는 것이다.

03

아동과 교육의 관계

아동은 근대 교육제도에 의해 근대적 국가 형성의 기반이 되는 계몽된 주체로 재탄생한다. 즉, 아동은 개인을 가족의 구성원으로 이해하고 가족은 사회의 구성단위라는 사실을 받아들이며, 사회는 곧 국가로 연결되는 계몽주의의 위계적 원리를 내면화한다. 그리하여 근대적 아동의 탄생이라는 사건은 계몽된 주체를 생산하여 근대 국민 국가를 생성하려는 기획의 상징적 은유가 되는 것이다.

아동문학이 교육과 긴밀한 관계를 가질 수밖에 없는 이유를 박화목은 「신아동문학론」에서 다음과 같이 지적하고 있다. "아동문학은 이상주의(理想主義) 문학이며, 밝음을 지향하는 문학이고, 풍부한 정서와 상상의 문학이다. 또한 아동문학은 휴머니즘의 문학이기 때문에 내용에 있어 윤리성과 교육성을 그 특질로 삼는다. 아동문학의 윤리성, 교육성은 중요한 특질이면서, 매우 까다로운 문제이기도 하다. 끝으로 아동문학은 유아기부터 아동발달에 적합하도록 쓰여지는 문학이다." 여기서 윤리성과 교육성은 앞서 언급한 계몽주의와 교육의 관련을 언급하는 것이라 할 수 있다.

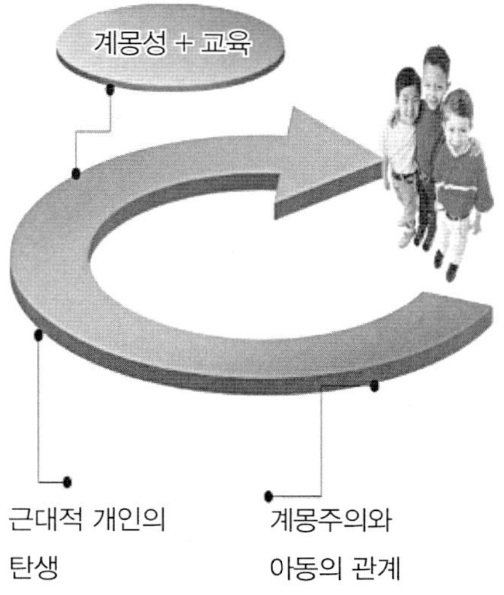

04

아동문학의 기원

아동문학의 기원을 바라보는 입장은 크게 두 가지 견해로 대변된다. 육당 최남선의 「소년」지가 창간된 1908년에서 1910년대가 아동문학의 효시라고 보는 입장(이재철의 「한국 현대 아동문학사 연구」와 구인환, 조명렬 등)과 방정환의 「어린이」가 간행된 1920년대를 아동문학의 진정한 시원이라고 주장하는 입장(이원수, 윤석중, 이상현, 원종찬, 박숙경, 염희경 등)이 그것이다.

그렇지만 「어린이」에서 아동문학이 출발했다고 보는 관점 역시 최남선의 「소년」을 아동문학 형성의 계기로 이해하고 있다. 「소년」과 「어린이」를 아동문학 형성이라는 문제설정에서 완전히 대립적인 것으로 설정하는 것은 바람직하지 않다. 진정한 아동문학의 기원이 「소년」지의 시원성을 발판으로 하여 1910년대 중후반에 신문관에서 발행한 「붉은 져고리」, 「아이들보이」, 「새별」이라는 아동문예지에서 찾아야 한다는 주장이나 아동을 독자로 삼은 최초의 정기 간행물인 1910년대의 아동잡지들의 존재를 주의 깊게 검토해야 한다는 견해는 아동문학의 기원을 살핀 연구들의 문제의식이 「소년」 대 「어린이」 식으로 대립적으로 이해하는 방식에서 서서히 이동하고 있음을 보여준다.

아동문학사를 단절된 입장이 아니라 지속적인 흐름에서 파악할 때, 최남선의「소년」기원설과 방정환의「어린이」기원설을 비교하며 아동문학의 출발점을 찾는 방식에서 벗어나, 아동문학의 역사와 아동문학장을 온전히 이해할 수 있을 것이다.

05

아동문학의 탄생 배경

우리나라에서 아동문학은 신문학, 즉 근대문학과 함께 태동되었다. 개화계몽사상이 일본을 통해 수입되고 다양한 사조가 혼류되는 상황에서 근대적인 인식이 생겨나기 시작하였다. 이에 따라 근대적 인권옹호 및 인간평등사상이 발아되었고 아동인권에 대한 인식도 싹트게 되었다. 소파 방정환에 의해 아동인권의 중요성이 널리 퍼져나가며 아동, 곧 어린이를 바라보는 시선도 획기적으로 변화하기에 이른다. 이와 같이 새로운 서구 사상을 접하는 한편 식민지 시대의 아픔을 겪는 와중에 모국어 교육을 통해 민족의식을 고취하려는 복합적인 욕망이 혼재된 채 이 땅의 아동문학은 시작되었다.

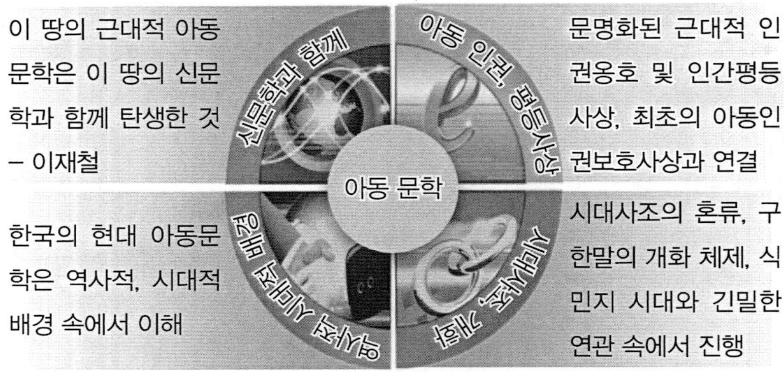

06

한국 아동문학의 역사적 전개

이재철의 논의를 참고하여 우리나라의 아동문학 역사를 통시적으로 접근하면 대략 다음과 같이 분류할 수 있다.

1) 아동문화운동시대(1908~1945)
   ① 태동초창기(1908~1923)
   ② 발흥성장기(1923~1940)
   ③ 암흑수난기(1940~1945)

2) 아동문학운동시대(1945~1976)
   ① 광복혼미기(1945~1950)

② 통속팽창기(1950~1960)

③ 정리형성기(1960~1976)

3) 아동문학중흥시대(1976~현재)

1 아동문화운동시대(1908~1945)

아동문학가 이재철은 이 시기를 아동문화운동시대라고 칭하면서 "아동문학은 문학으로서의 자각보다 유교적, 봉건적 요소에서 급격히 탈피하려는 아동인권회복을 위한 감성 해방과 주권을 상실한 조국의 내일을 걸머질 어린이들에게 개화 계몽사상과 모국어를 통한 민족의식을 고취하는 게 가장 급선무였다."고 밝히고 있다. 이는 우리의 아동문학이 계몽주의, 그리고 민족주의와 깊은 관련을 맺을 수밖에 없었던 근대사의 특수한 상황에서 태동되었기 때문이다.

① 태동초창기(1908~1923)

이 시기는 일제의 식민지배가 시작된 시기로 정치적이고 문화적인 모든 계몽, 구국운동을 배경으로 한다. 개화와 계몽의 담론이 만나는 지점에서 아동문학이 형성되었는데 이 자리에 바로 육당 최남선의 「소년」이 있다. 육당 최남선에 의해 1908년 11월에 창간되어 1911년 5월까지 통권 23호가 발간된 「소년」은 그 제목이 의미하듯이 소년을 대상으로 한 계몽적인 교양지였다. 「소년」은 "우리 대한(大韓)으로 하여금 소년의 나라로 하라"는 취지로 소년의 위상을 부각시킨 최초의 종합잡지였다. 이러한 사실들은 권두언에서 "「少年」의 目的을 簡短히 말하자면 '新大韓의 少年'으로 깨달은 사람되고 생각하난 사람되고 아난 사람되야 하난 사람이 되야서 혼자 억개에 진 무거운 짐을 堪當케 하도록 敎導하쟈 함이라"고 밝히고 있는 것에서도 확인할 수 있다.

「소년」은 소년에게 지식을 전해주고자 '少年時言', '이솝의 이약', '少年漢文敎室', '少年讀本', '少年史傳', '少年訓', '少年通信', '編輯室通寄' 등의 난으로 구성되었다. 또한 신체시 「해에게서 소년에게」를 수록하였다.

一
텨……ㄹ썩, 텨……ㄹ썩, 텩, 쏴……아.
ㅅ다린다, 부슨다, 문허 바린다
泰山갓흔 놉흔 뫼, 딥태갓흔 바위ㅅ돌이나
요것이 무어야, 요게 무어야
ㄴ의큰힘, 아나냐, 모르나냐, 호통ㅅ가디하면서
ㅅ다린다, 부슨다, 문허바린다,
텨……ㄹ썩, 텨……ㄹ썩, 텩, 튜르릉, 콱.

二
텨……ㄹ썩, 텨……ㄹ썩, 텩, 쏴……아.
나 게는 아모것 두려움업서
陸上에서, 아모런 힘과 權을 부리던者라도
나 압헤와서는 ㅅ곰ㅅ닥못하고
아모리큰, 물건도 내게는 행세하디못하네.

내게는 내게는 나의압헤는.
텨⋯⋯ㄹ썩, 텨⋯⋯ㄹ썩, 튜르릉, 콱.

– 최남선, 「해에게서 소년에게」, 「少年」, 1908년 11월 1일, 창간호 –

최남선의 「해에게서 소년에게」는 힘과 패기를 지닌 소년의 힘찬 기상을 노래하며 민족의 앞날을 위해 현실을 직시할 수 있는 당당한 소년의 이미지를 그리고 있다. 이 작품에서 소년은 신문명을 이끌어갈 주인공으로 당당하게 형상화되고 있다.

「소년」지가 폐간된 1911년 이후 본격적인 아동잡지들이 발간되었다. 최남선은 아동문학 잡지의 효시라 할 수 있는 「소년」지를 비롯하여 「붉은 져고리」, 「아이들 보이」, 「새별」 등 아동교육의 보조기관이라 할 수 있는 잡지들을 발간하였다. 「붉은 져고리」(1913)는 "공부거리와 놀이감의 화수분"을 구호로 내세웠으며, 「아이들 보이」(1913~1914)는 순수 어린이 잡지를 표방하였다. 그리고 「새별」(1913~1915)은 문예면 '읽어리' 난을 두고 문예류의 강좌를 소개하고, 실제 작문을 수록하는 한편 작품모집 및 평 등을 게재하여 독자의 인기를 모았다.

1908년 11월 1일에 발간된 「소년」

1913년 1월에 발간된
「붉은 져고리」

② 발흥성장기(1923~1940)

1923년 소파 방정환(1899~1931)이 「어린이」를 간행하면서 아동문학은 본격적인 출발을 하게 되었다. 이로 인해 근대적인 어린이 문학이 성장하게 된 것이다. 소년소녀잡지를 표방한 「어린이」는 이솝우화나 전기, 교양물, 역사나 지리, 언어, 음악, 미술, 사진, 수공 등에 관한 폭넓은 내용을 다루고 있다. 또한 '十字말푸리'나 '하기쉬운 신긔한 요술'과 같은 재미있는 내용까지도 싣고 있었다. 「어린이」는 독자들의 작품도 심사평과 함께 수록하는 등 많은 독자층을 확보하며 아동문학의 영역을 확장해 나갔다. 「어린이」의 겉표지에는 당시 국내에서는 구하기 힘든 외국 어린이의 모습이 담긴 천연색 사진이 게재되었고, 속표지에도 경복궁, 남대문, 탑골공원,

인경전, 기독교청년회관, 천도교당, 독립문 등 서울의 명소 사진이 설명과 함께 실렸다. 또한 독자들의 요구에 따라 링컨, 레닌, 손병희, 무솔리니, 안창남, 대원군, 여운형과 같은 위인이나 경주 불국사 같은 지방의 명승지 사진이 실리기도 하였다.

발흥성장기에 해당되는 이 시기에 서덕출, 윤복진, 윤석중, 이원수, 최순애와 박영종 등이 배출되면서 동요문학의 황금기를 이루었다. 그리고 이 시기는 아동잡지가 발전한 시기로 「어린이」를 비롯하여 「신소년」, 「새벗」, 「아이생활」, 「별나라」, 「카톨릭 소년」 등이 출간되었다. 그리고 조선일보사에서 「소년」과 「소년중앙」을 펴내며 아동문학장이 비약적으로 성장하였다. 사회주의적 계급의식을 드러낸 「별나라」에는 카프 작가의 작품들이 수록되었는데 이들은 어린이를 현실을 살아가는 주체로 파악하였다는 점에서 다른 작가들과 차이를 드러냈다. 「별나라」의 기념사에서부터 이러한 아동관이 명확히 드러나 있다. "아동은 결코 대인의 미성숙한 것으로 관찰하여 유치한 것으로 저급한 것으로 취급할 것이 아니다. **아동은 아동으로서 완전무결한 것이다.** 어찌 부정한 대인의 생활을 미루어 진실한 그들을 유치하니 저급이니 할 수 잇으랴? 도리어 그들의 생활에는 자유가 잇고 사랑이 잇고 정의가 엄연히 잇지 안는가?"이러한 주장에는 이전의 동심천사주의 입장과 관점을 달리하는 계급주의적 아동관이 분명히 드러나 있다.

1930년대는 동요에서 동시로 정착되는 변화가 일어났던 시기로 윤석중, 이원수, 윤복진, 박영종, 강소천과 김영일 등에 의해 동요의 형태를 벗어난 자유 동시가 창작되었다. 윤석중은 1931년 최초의 개인 동시집으로 평가받는 「잃어버린 댕기」를 출간하였고, 현덕은 1932년 동화 「고무신」을 발표하였다. 마해송은 「새별」지에 발표한 「바위나리와 아기별」에 이어 1934년에 창작동화집을 출판하였다.

1923년 3월 20일 창간된 「어린이」

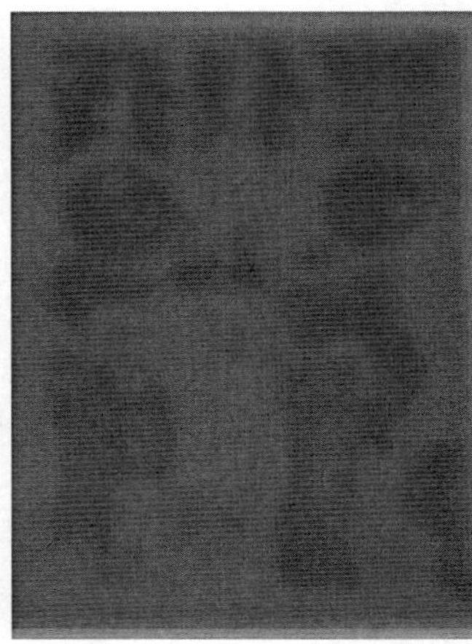

1926년 6월 창간된 「별나라」

③ 암흑수난기(1940~1945)

1937년 중일전쟁이 발발한 후 1941년 태평양전쟁, 1945년 8월 제2차 세계대전이 종결되면서 일제의 패망으로 이어지는 이 시기는 일제의 통제정책과 전시동원정책이 본격화되고 일제의 천황제 이데올로기가 파시즘으로 작동하던 때이다. 중일전쟁 이후 일제는 철저한 교육을 통해 아동을 황국신민으로 호명하였고, 이때 아동문학과 아동관련 담론들은 일제의 파시즘적인 이데올로기를 전달하는 역할을 담당하기도 하였다.

一. 우리들은 大日本에 일꾼이란다.
大日本을 빛내일 일꾼이란다.
다같이 두팔것고 앞으로가자.
산이라 물이라도 거칠것없다.
에헤야 少年들아 大日本少年들아
굿굿이 씩씩하게 힘써나가자.

三. 우리들은 大日本에 똑같은少年
할 일많은 大日本에 少年이란다.
굼드래도 할일을 하고야말고
벗드래도 할일을 하고야말리
에헤야 少年들아 大日本少年들아
기운껏 힘있게 앞으로가자.

– 김영일, 「대일본의 소년」, 「아이생활」 제18권, 1943. 1. –

많은 잡지들이 강제 폐간된 상황에서 조선금융연합회에서 간행한 「반도노광」과 아동잡지 「아이생활」(1944년 폐간)에는 친일적인 색채가 농후한 작품들이 발표되었다.

지원병 형님들이 떠나는날은
거리마다 국기가 펄럭거리고
소리놉히 군가가 울렷습니다.
정거장, 밀리는 사람틈에서
손붓처 경계하며 차에올으는
씩씩한 그얼골, 웃는그얼골.

> 움직이는 기차에 기를 흔들어
> 허리굽은 할머니도 기를 흔들어
> 「반-자이」 소리는 하늘에 찻네.
>
> 나라를 위하야 목숨 내놋코
> 전장으로 가시려는 형님들이여
> 부대-큰공을 세워주시오.
>
> 우리도 자라서, 어서자라서
> 소원의 군인이 되겟습니다.
> 굿센 일본 병정이 되겟습니다.
>
> —「志願兵을 보내며」—

「아이생활」에 수록된 김영일의 동요는 조선의 소년을 "대일본을 빛내일 일꾼"이 되어야 할 "大日本"의 소년으로 호명하고 있다. 내선일체 사상을 전달하고 있는 이 시는 대표적인 친일 작품에 해당된다. 이원수 역시 전쟁터로 떠나는 지원병들을 격려하는 친일 동시 「지원병을 보내며」를 발표한 바 있다.

2 아동문학운동시대(1945~1976)

① 광복혼미기(1945~1950)

1945년 광복을 맞이하면서 정치나 경제 · 사회 모든 면에서 혼란이 지속되었다. 좌우익의 대립 양상이 이어지고 무수한 아동잡지들이 발간되었다. 「소학생」, 「어린이」, 「어린이 나라」, 「아동구

락부」, 「아동」, 「새동무」, 「별나라」, 「아동문학」, 「신소년」, 「아동문화」 등이 잡지들이 이 시기에도 출간되었다. 그리고 윤석중의 동요집 「초생달」(1946)과 권태응의 「감자꽃」(1948), 김영일의 「다람쥐」(1950)와 같은 동시집이 출판되었다.

동화집으로는 마해송의 「토끼와 원숭이」(1946), 이주홍의 「못난 돼지」(1946), 노양근의 「열 세 동무」(1946), 임인수의 「봄이 오는 날」(1949) 등이 출간되었다. 이 시기에는 운문문학이 쇠퇴하고 산문문학이 융성한 것을 특징으로 꼽을 수 있다.

② **통속팽창기(1950~1960)**

한국전쟁을 겪으며 정치적으로나 사회적으로 큰 혼란을 겪은 이 시기에 아동문학은 통속적인 대중화의 경향을 보이게 되었다. 탐정모험물과 외국작품을 번안 · 번역한 작품들이 증가하면서 통속적인 대중물이 범람하였다. 물론 최계락, 이종택, 이종기 등이 동시를 창작하고, 강소천, 마해송, 이원수, 김요섭 등이 동화를 꾸준히 창작하며 순수문학적 흐름을 유지하기도 하였다.

한편 성인문학 작가들이 소년소설 등을 창작하는 경향도 있었다. 정비석, 박계주, 김래성, 방인근, 조풍연, 박태원 등이 아동문학 작품을 창작하였는데, 이들 가운데 많은 작가들은 일제 식민지 시기에 라디오 방송소설로 아동문학 작품을 발표한 바 있다.

③ 정리형성기(1960~1976)

4.19 이후에는 개인 전집과 세계 명작 시리즈 등이 출판되기 시작하였다. 「한국 아동문학독본」(전 10권, 1962), 「한국 아동문학전집」(전 12권, 1964), 「강소천 아동문학전집」(전 6권, 1964), 「소파 아동문학전집」(전 6권, 1969) 등이 이 시기에 출간되었다. 또한 1960년대에 소천 아동문학상이나 해송 동화상, 한정동 아동문학상 등이 제정되었다.

1970년대에는 평론문학이 대두되면서 아동문학의 이론적 기초를 마련하는데 기여하였다. 평론 전문지인 계간 「아동문학평론」과 「아동문예」가 창간되고, 아동문학 세미나가 활발하게 진행되었다. 이원수를 중심으로 한국아동문학가협회가 결성된 1970년대를 가리켜 아동문학가 이상현은 비평 논쟁시대라고 언급하였다.

3 아동문학중흥시대(1976~현재)

1979년에는 유엔이 지정한 '세계 아동의 해'를 기념하여 최초의 공립 어린이전용도서관 '서울 시립 어린이도서관'이 건립되었다. 어린이를 위한 제도도 뒷받침되고 아동문학장도 새로운 중흥을 맞이하게 된다. 1980년대부터는 유아 교육에 대한 관심이 증가하면서 그림책이 발전하기 시작하였고 1990년대와 2000년대를 지나면서 그림책은 양적, 질적인 성장을 하게 되었다. 1990년대 이후부터 아동문학이 비약적으로 발전하게 되었고, 독서문화 활동도 활발하게 전개되었다. 출판 시장이 다양화되고 창작문학이 발전하면서 오늘에 이르기까지 어린이를 대상으로 한 문학과 교육의 영역은 점점 확대되었다.

◈ 연습문제 ◈

1. 광의의 관점에서 아동문학의 개념을 설명하시오.

2. 협의의 관점에서 아동문학의 개념을 설명하시오.

3. 아동문학의 개념을 동심과 관련지어 설명하시오.

4. 전통사회에서 아동이 어른으로 변화하는 계기는 무엇인가요?

5. 전통사회의 아동과 근대사회의 아동을 바라보는 관점의 차이는 무엇인가요?

6. 중세시대까지는 아동을 어떤 존재로 이해했나요?

7. 근대적 아동이 탄생하는 데 기여한 것들은 무엇인가요?

8. 아동문학의 기원을 바라보는 입장을 설명하시오.

9. 우리나라에서 아동문학이 탄생하게 된 배경을 설명하시오.

10. 아동문학사에서 태동초창기의 특징을 설명하시오.

11. 아동문학가 이재철이 1908년에서 1945년까지를 아동문화운동 시대라고 명명한 이유를 설명하시오.

12. 아동문화운동시대의 태동초창기인 1910년대에 발간된 아동잡지들은 무엇인가요?

13. 아동문학사에서 발흥성장기의 특징을 설명하시오.

14. 발흥성장기(1923~1940)에 발간된 아동잡지 중에서 사회주의적 계급의식을 드러낸 잡지는 무엇인가요?

15. 개인 전집과 세계 명작 시리즈 등이 출판되기 시작한 때는 언제인가요?

16. 아동문학사에서 평론문학이 대두된 때는 언제인가요?

제 08 강

어린이와 문학 그리고 상상력

01

이야기란 무엇인가

인간이라면 누구나 타인에게 자신의 이야기를 들려주고 자신이 누구인가를 알려주기를 욕망하며, 다른 한편으로는 타인의 스토리를 공유하려는 강렬한 호기심을 지니고 있다. 이와 같은 인간의 욕망은 본질적으로 이야기를 향한다. 따라서 인류의 역사는 곧 스토리의 역사라고 할 수 있다. 태어나서 성장하며 살아가는 인간의 삶 자체도 하나의 이야기에 다름 아니기 때문이다. 그리하여 인간을 수사적 인간, 즉 호모 레토리쿠스(homo rhetoricus)라고 일컫는 까닭은 인간의 역사만큼 오래된 이야기의 역사와 밀접한 연관을 갖는다. 고대의 신화에서부터 중세의 로망스와 현대의 소설이나 영화, 드라마에 이르는 이야기는 인류의 역사와 더불어 시작되고 현재까지도 지속되고 있다.

그렇다면 가장 기본적인 질문으로 돌아가 이야기, 스토리(story)에 대한 사전적 정의를 먼저 살펴보기로 하자.

> 스토리의 정의 :
> 1. 이야기(tale); 동화(fairy tale)
> 2. 소설, 특히 단편 소설

> 3. (소설, 시, 극 등의) 줄거리, 구상, 스토리
> 4. 경력, 신상 얘기, 내력, 일화
> 5. (보고하는) 이야기, 설명; 소문; 진술, 말
>
> 이야기[명사] :
> - 일정한 줄거리가 있는 긴 말 ; 별에 관한 이야기
> - 현실 경험을 일정한 주제 아래 재구성한 것 ; 젊었을 때 고생한 이야기
> - 소문, 평판 ; 요즘 당신한테 좋지 않은 이야기가 떠돌더군요.
> - 옛이야기, 고담(古談), 야담(野談) ; 할머니한테서 '나무꾼과 선녀'이야기를 들었다.

아리스토텔레스에 의하면 스토리(story)는 처음과 중간, 끝을 갖는다. 이는 이야기라는 것이 인과관계에 의해 서술된다는 의미이다. 처음에 일어난 사건이 중간에 어떻게 되고, 끝에 가서는 어떻게 마무리된다는 일관성 있는 구조가 이야기를 형성한다. 이야기를 다루는 학문인 서사학에서는 이야기의 층위를 분석하고 이야기의 성격을 학술적으로 규명해 왔다. 물론 서사학자들마다 의견에 차이를 보이고 있으나 일반적으로는 스토리를 시간 순서대로의 이야기라고 규정하고 스토리를 가공하여 재배열한 것을 플롯(plot)이라고 한다. 스토리가 원래 일어난 그대로의 이야기라면 독자에게 들려주기 위해 스토리를 재구성한 것이 플롯이다.

이야기가 본질적으로 인간의 욕망과 연결되는 것이라면 이야기는 그만큼 보편적인 성격을 띠게 된다. 이야기는 모든 사람에게

재미를 주는 요소이며 설득력을 지니는 매력적인 어떤 것이다. 모든 책읽기가 필연적으로 이야기와 연관될 수밖에 없다고 한다면 그것은 이야기를 읽어내는 것이 독서이고, 이야기를 향한 욕망을 지니고 있는 인간의 내면과 관련되는 것이 독서라는 점에서 그러하다.

02

스토리텔링과 상상력

스토리텔링이란 상대방을 재미있고 생생한 이야기로 설득력 있게 전달하는 행위로 인류의 역사와 연원을 함께하는 구술적인 담화 양식을 말한다. 중심 사건을 설정하고 인과관계로 이어지는 완결된 형태로 연결하여 줄거리로 구성해내는 과정이 바로 스토리텔링이다. 다시 말해 인간 존재에 영향을 끼치는 인간의 행동이나 사건을 주요 내용으로 하여 시간적 순서인 처음, 중간, 끝에 따라 의도적으로 구성하여 표현하는 것이 스토리텔링이다. 오늘날은 교육에서부터 문화예술, 엔터테인먼트 사업에 이르기까지 스토리텔링이 중요한 가치를 지니게 되었다.

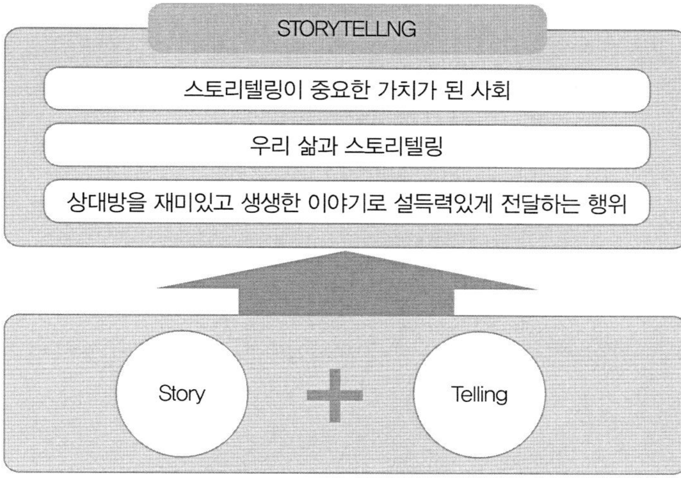

그렇다면 오늘날 스토리텔링은 어떤 의미를 갖는가? 이미 살펴본 바와 같이 스토리를 말하려는 욕망은 인간이 본능적으로 지니고 있는 욕망이라 할 수 있다. 그것은 인간이 세상을 이해하는 방식이기도 하다. 인간이 외부 현실을 경험하며 살아가는 과정은 고스란히 스토리로 재현될 수 있다. 누군가와 친구가 된다는 것, 어떤 사건을 경험하고 깨달음을 얻는 것, 이 모두가 스토리를 생산해내는 것이다. 어린 아이가 거짓말을 하는 것도 스스로 스토리를 창조해내는 것이라 할 수 있다. 또한 우리가 추억이 담긴 물건을 소중히 여기는 까닭은 그 물건이 추억에 얽힌 스토리를 담고 있기 때문이다.

스토리는 인간이 세상과 특별한 관계를 만들고 세상을 이해하는 길을 만들어준다. 그러므로 스토리가 부여된 것은 사물이건 사건이건 그만큼 특별한 매력을 지닐 수밖에 없다. 스토리가 다른 사람의 마음을 움직이는 힘을 갖는 것도 이러한 이유에서 비롯된다. 그리고 문화와 마케팅 등, 모든 분야에서 스토리의 가치가 부각되는 것도 이와 무관하지 않다.

흥미로운 스토리가 탄생하기 위해서는 상상력이 필요하다. 상상력은 부분과 전체를 연결시키고 하나의 사건을 일관된 주제로 연결해주어 스토리와 스토리텔링의 핵심 요소로 작용한다. 한마디로 상상력은 스토리텔링을 구성하는 원동력이다. 상상력은 현실을 넘어 새로운 세상을 꿈꾸도록 하고 불합리한 현실을 견딜 수 있는 위안처가 되기도 한다. 또한 상상력은 미래의 자신을 상상하게 함으로써 자신의 미래를 개척하는 수단으로도 기능한다.

03

어린이와 상상력

일반적으로 예술을 크게 두 가지 흐름으로 나누어 이해하자면 현실을 중시하는 경향과 상상을 중시하는 경향으로 구분할 수 있다. 현실을 중시하는 입장은 외부 현실을 객관적으로 묘사하여 외적 세계를 모방하려는 예술로서, 고전주의 예술이나 리얼리즘이 이에 해당한다. 반면 상상을 중시하는 입장은 자유롭고 창조적인 상상력을 예술의 원동력으로 여기며 현실이 아닌 다른 세계를 창조하고자 한다. 낭만주의 예술이나 표현주의 예술 등이 이에 속한다.

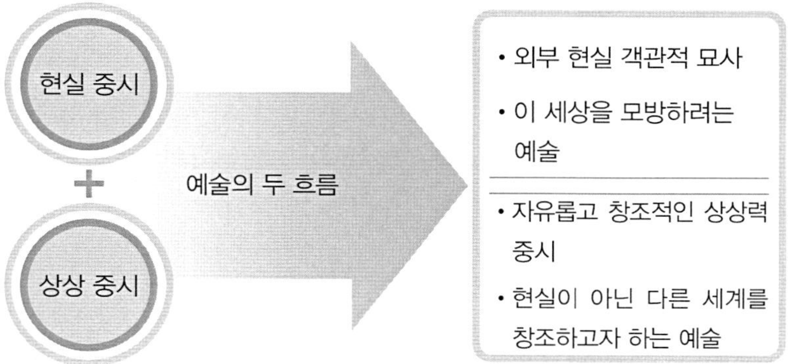

이러한 예술의 흐름에서 상상력이 다른 세계를 창조하는 힘으로 작용하는 예술 장르로 SF나 판타지를 꼽을 수 있다. 판타지(fantasy)는 그리스어 '판타제인phantasein'에서 파생된 단어인데, '나타나 보이게 하다, 착각을 주다, 기이한 현상이 나타나다, 드러나다'와 같은 의미를 지니고 있다. 중세 프랑스어 'fantastique'는 '귀신들린, 공상적인, 상상 속에서만 존재하는, 존재의 흔적만을 지닌'과 같은 의미를 갖고 있었다고 한다. 판타지의 사전적 의미는 "지각의 대상을 심적으로 이해하는 일, 상상력으로서 현실로 나타나지 않는 것의 모양을 바꿔놓은 활동이나 힘, 또는 그 결과"이다.

환상이라고도 통용되는 판타지는 현실과는 다른 새로운 세계를 만들어내는데, 한계를 뛰어넘는 상상력 속에서 새로운 세계가 비로소 열린다. 이와 같은 상상력이 중시되는 대표적인 장르인 판타지는 독자를 끌어들이는 흡인력이 뛰어나다. 무엇보다 재미라는 요소를 지니고 있는 판타지는 의외로 현실과 밀접한 관련을 지니는데 그 까닭은 상상력으로 만들어낸 새로운 세계가 현실에 발 딛고 있는 우리의 비판적 의식과 긴밀하게 연관되어 있기 때문이다. 현실을 반추하고 성찰하는 행위와 상상력이 만난 문학 장르가 바로 환상문학, 또는 판타지인 것이다.

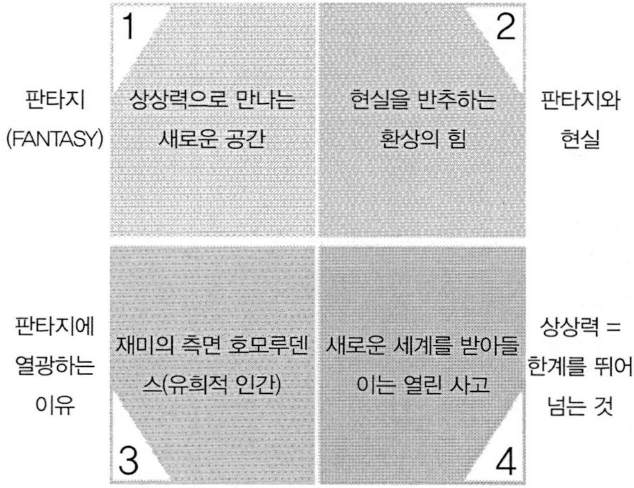

어린이 문학 – 환상 문학 – 판타지

그리고 환상문학은 어린이문학과 밀접한 관련을 갖는다. 그것은 이성이나 논리를 뛰어넘는 새로운 세계를 상상하는 것이 어린이문학의 특성 가운데 하나이기 때문이다. 아동문학 혹은 어린이문학의 주체인 어린이는 현실의 논리로는 설명할 수 없는 신비롭고 창의적인 사고를 자유롭게 하는 존재이다. 어린이는 이미 정리된 지식이라는 틀을 통해 세상을 바라보는 존재가 아니다. 어린이는 자기만의 방식으로 세상을 이해하고 풍부한 감성과 창의성을 지닌 존재이다. 뿐만 아니라 자유로운 상상력을 지니고 있는 존재이기 때문에 어린이가 갖는 속성이 스토리를 창조해내는 예술적 힘과 직결된다. 따라서 어린이와 상상력의 관계를 이해함으로써 상상력이 어떤 가치를 지니는가를 고민하고 나아가 독서인성교육에 상상력이 필요한 이유까지 숙고해보고자 한다.

어린이는 왜 상상력이 뛰어난가?

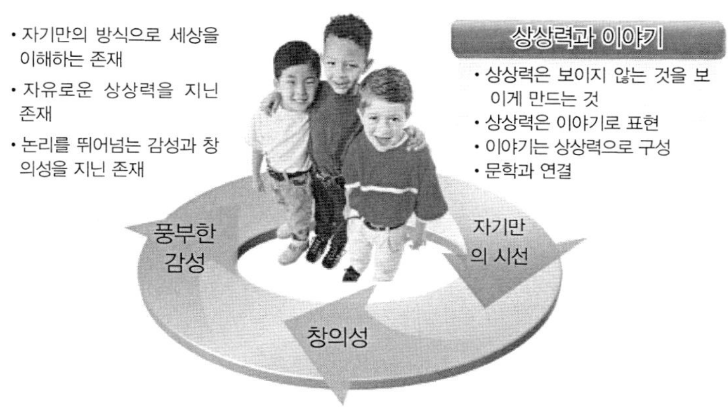

04

상상력과 독서인성교육의 관계

상상력은 이야기를 창조하는 힘이자 나의 세계를 타인의 세계와 연결하는 통로 역할을 수행한다. 쉽게 말해 상상력이 없는 사람은 다른 사람의 감정을 이해하기도 힘들며 다른 세상을 꿈꾸기도 어렵다. 그러므로 상상력은 타인과 소통하는 길을 터주는 원동력이 된다. 상상력을 발휘하여 타인의 아픔을 공감하고 타인과의 관계 속에서 자신의 정체성을 규정할 수 있을 때 인간다움을 간직한 성숙한 인격의 소유자가 될 수 있다.

독서인성교육의 지향점은 '나'의 세계를 확장하여 주체를 성숙한 자아로 이끄는 데 있다. 독서인성교육이란 결국 '나'의 세계를 넓혀가도록 이끄는 교육인 것이다. 따라서 책읽기를 통해 인격적으로 성숙한 내가 되기 위해서는 상상력이 꼭 필요한 역량이다.

◈ 연습문제 ◈

1. 스토리가 무엇인지 설명하시오.

2. 스토리텔링이 무엇인지 설명하시오.

3. 스토리가 '처음–중간–끝'을 갖는다고 이야기한 사람은 누구인가요?

4. 스토리와 플롯의 개념을 비교하여 설명하시오.

5. 이야기를 다루는 학문은 무엇인가요?

6. 스토리텔링과 상상력의 관계를 설명하시오.

7. 상상력과 독서인성교육의 관계를 설명하시오.

제 09 강

인성독서의 이해

01. 독서인성교육이란 무엇인가
02. 인성교육이 필요한 이유
03. 인성의 개념
04. 독서인성교육과 인성의 관계
05. 인성, 에토스, 윤리
06. 인성독서의 개념
07. 인성독서 지도 방법론
08. 독서인성지도사의 요건

01

독서인성교육이란 무엇인가

독서는 정보를 전달하고 지식을 창출하는 행위이면서 인간과 사회를 연결하는 소통 행위이다. 생각하는 힘을 길러 학습에 도움을 주기도 하지만 독서교육은 궁극적으로 인격적 완성을 목표로 한다. 독서를 통해 인간 됨됨이를 갖추고 자아정체성을 확립하며 성숙한 인간으로 성장해가도록 이끄는 것이 독서교육이 추구하는 방향이다. 그러므로 독서교육은 곧 인성교육이라 할 수 있다. 독서인성교육은 보다 구체적인 교육 목적에 따라 인성독서와 진로독서, 학습독서의 3가지로 나눌 수 있다.

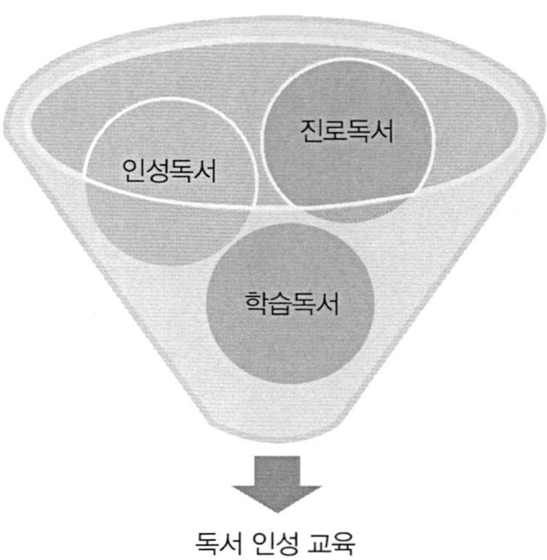

인성독서는 독서교육을 통한 인성 함양에 중점을 둔다. 물론 독서인성교육을 전반적으로 인성독서라고 할 수 있으나 여기서 말하는 인성독서란 윤리를 체화하는 것에 목적을 둔 독서교육이다. 인간성, 즉 됨됨이를 갖추는 것을 목표로 에토스를 실현할 수 있도록 안내하는 독서교육이 인성독서인 것이다.

진로독서는 긍정적인 자아상을 정립하여 앞으로 자신이 어떤 일을 하며 살아갈 것인가를 탐색하기 위한 독서교육이다. 자신이 하고자 하는 일과 관련하여 자신의 미래를 개척하는 데 중점을 두고 진행하는 독서교육이다.

학습독서는 단순히 지식만을 습득하기 위해 책을 읽히는 교육이 아니라 자기주도적으로 지식을 재구성하여 새로운 가치를 창출할 수 있도록 이끄는 독서교육이다. 지식이란 세상을 이해하고 바라보는 토대가 된다. 따라서 학습독서를 통해 어떻게 살아갈 것인가 하는 고민을 해결하고 변화해가는 미래사회가 요구하는 가치를 창조해낼 수 있다.

인성독서와 진로독서, 학습독서는 궁극적으로 책을 읽는 주체가 인간 됨됨이를 갖추고 긍정적 자아상을 확립하며 세상을 바라보고 이해할 수 있는 지식을 갖추어 어떻게 살아갈 것인가에 대한 해답을 제공해준다고 하겠다. 그런 면에서 이 세 가지 독서는 독서를 통한 인간성의 실현을 추구한다는 점에서 독서인성교육의 영역에 포함된다.

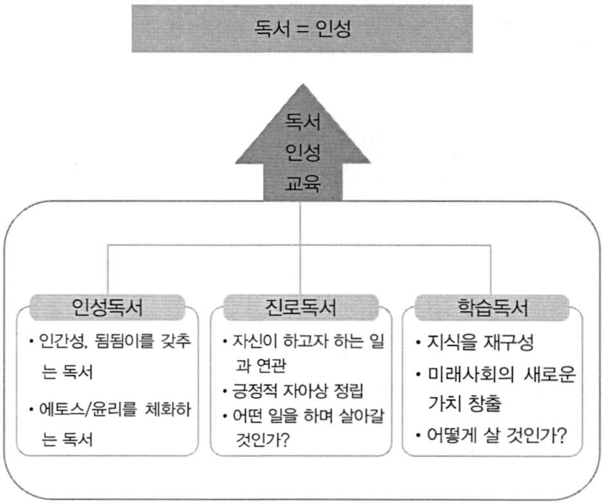

02

인성교육이 필요한 이유

우리 시대에 인성교육이 필요한 이유는 무엇일까? 20세기는 산업주의에 기반한 물질문명이 발달한 시대였다. 물질문명이 고도로 발달할수록 부작용 또한 커져갔다. 물질과 정신의 불균형으로 인한 인간성 상실은 우리사회에 여러 가지 심각한 병폐를 낳았다. 특히 결과 중심, 성과 중심의 사고는 교육 현장에서 인간성 교육이 사라지게 만들었다. 실력이 곧 인격이 된 사회에서 정체성 교육은 도외시되고 인간성은 사물화되었다. 현실에서 발생하는 여러 가지 문제점을 목도하게 되자 20세기의 사유에 대한 비판이 시작되고 근대사회에 대한 반성적 성찰이 이루어지게 되었다. 그 과정에서 윤리, 곧 에토스가 얼마나 중요한 가치를 지니는가에 대해 인식하게 되었고, 인간성 회복에 대한 강력한 요구와 더불어 인성교육의 가치가 재조명을 받게 된 것이다.

03

인성의 개념

인성이란 인간의 본질로 '사람의 성품'이나 '개인의 사고와 태도 및 행동 특성'을 일컫는다. 넓은 의미에서 인성은 이렇게 정의될 수 있으나 학자들에 따라 그 개념이 조금씩 달라지기도 한다. 김규원 · 조미아의 논문 「토론 중심의 독서교육이 인문계 고등학생의 인성과 사회성 발달에 미치는 영향에 관한 연구」(「한국비블리아」 제25권 제2호, 2014)에서 인성에 대한 학자들의 정의를 정리한 내용을 소개하면 다음과 같다.

학자	인성의 개념
황응연	환경에 대응함으로써 나타나게 되는 행동 및 태도, 동기, 경향성, 인생 과정들의 총합, 사람들에게 있어 시간과 상황에 걸쳐 지속되는 독특한 구조. 어떤 경험을 하느냐에 따라 크게 변화

학자	인성의 개념
이근철	좁게는 도덕성, 사회성 및 정서(감정) 등을 의미, 넓게는 지,덕,체 또는 지,정,의를 모두 골고루 갖춘 전인성
이윤옥	다른 사람에게 주는 그 사람의 전체적인 인상으로 성품, 기질, 개성, 인격 등 가치 개념의 의미를 내포
한국교육학회	사람의 마음의 바탕이 어떠하며, 사람된 모습이 어떠하다는 것을 말하는 개념. 사람의 마음과 됨됨이라는 두 가지 요소로 구성
조난심	인성은 태어나면서 지니고 있는 성격이나 특질의 개념이 아니라 의도적 교육이나 학습에 의해 습득하거나 변화가 가능한 인간의 성품
미교육부	존중, 공정성, 보살핌 등의 도덕적, 윤리와 가치와 책임감, 신뢰, 시민성 등을 망라하는 개념. 개인 또는 집단의 정서적, 지적, 도덕적 자질은 물론 이러한 자질들이 친사회적 행동으로 발현되는 것을 포함
조연순	자신의 내면적 요구와 사회 환경적 필요를 지혜롭게 잘 조화시킴으로써 세상에 유익함을 미치는 인간의 특성

학자들에 따라 인성의 개념은 약간씩 차이를 보이고 있으나 인성이라는 개념에 담긴 인간다움의 의미는 '이상적인 인간'보다는 '인간다움을 실천하는 인간'으로 이해해야 할 것이다. 즉 그것은 목적지향적 관점에서가 아니라 실천의 과정에서 접근하는 것이다. 자신과 타자, 자신을 둘러싼 세계와의 관계 속에서 인간다움을 실천하는 인간이 인간성을 지닌 인간이라 할 수 있다. 다시 말해 인간다움의 개념은 개인과 공동체와의 관계에서 파악되어

야 한다. 이러한 관점에서 본다면 인성이란 실천의 개념이 포함되어 있는 것이다.

04

독서인성교육과 인성의 관계

1 독서의 본질과 인성

이미 앞에서도 살펴본 바와 같이 독서는 본질적으로 인성과 밀접한 관련을 갖는다. 독서는 사고력과 통찰력, 지식을 키우는 것이기 때문에 사고력과 불가분의 관계를 지니고 있다. 그리고 독서라는 행위는 책을 읽는 독자와 그 책을 쓴 작가의 인간적 만남으로 이해할 수 있다. 비평가 조르쥬 풀레는 “독서란 작가의 정신과 독자의 정신이 페이지 위에서 만나 대화를 나누는 것이다”라고 말한 바 있다. 풀레가 말하는 독서는 책의 저자와 독자가 만나 소통하는 것인데, 풀레가 말하고 있는 ‘작가의 정신’은 작가의 세계관과 가치, 작가의 내면세계를 모두 포함하는 개념이다. 따라서 인간적 만남이라 지칭할 수 있는 것이다.

뿐만 아니라 독서는 타인에 대한 공감을 전제로 한다. 우리는 독서를 통해 다양한 인간 군상을 접하고 그들의 세계, 그들의 삶의 방식을 엿본다. 타인의 세계와 만나는 것으로 끝나지 않고 그러한 만남을 통해 자신에 대한 성찰로 귀결되는 것이 독서이다. 그러므로 독서는 필연적으로 인성과 관련될 수밖에 없다.

2 독서인성교육과 인성독서

일반적으로 독서의 목표와 가치를 논할 때 독서교육의 방향은 사고력과 인성을 함양하는 교육으로 설정된다. 창의력이나 문제해결력, 자기주도성을 포함한 사고력을 길러주는 독서교육과 정서적 측면이나 소통의 문제, 바람직한 가치관과 같은 인성을 기르는 독서교육으로 양분될 수 있다. 그러나 바람직한 독서교육은 사고력과 인성 함양이라는 가치가 따로 분리되지 않고 결합되어 있다. 사고력이라는 개념 속에는 자기자신을 이해하는 힘과 세계를 비판적으로 사유할 수 있는 능력이 모두 포함되어 있기 때문이다. 그리고 이러한 주장의 저변에는 인성의 개념을 지나치게 좁게 해석하지 않고 인간다움을 실천하는 개념으로 이해한다는 전제가 깔려있다. 이 관점을 따라 독서교육은 인성과 사고력을 함께 아우르는 측면에서 독서인성교육이 된다.

그러나 목적에 따라 독서인성교육의 세 가지 범주를 구분할 때에는 인성의 가치를 함양하는 데 중점을 두는 독서를 인성독서라고 부른다. 독서를 통해 정서와 공감능력, 소통능력과 바람직한 가치관을 함양하고 자아개념을 형성하도록 이끄는 독서가 인성독서이다.

독서를 통해 함양되는 가치		
독서인성 교육의 방향	인성	정서
		공감
		소통
		자아정체성
		바람직한 가치관
	사고력	자기주도성
		창의력
		문제해결능력
		이해력 및 판단력
		비판적 사고능력

독서교육을 독서인성교육으로 보고 그 중에서 특별히 독서를 통한 인성지도를 목적으로 하는 것이 인성독서이다. 독서를 통해 독자의 인성을 고양하고 가치관을 함양하여 자기 삶의 주체가 되는 인간으로 이끄는 교육이 인성독서가 지향하는 지점이다.

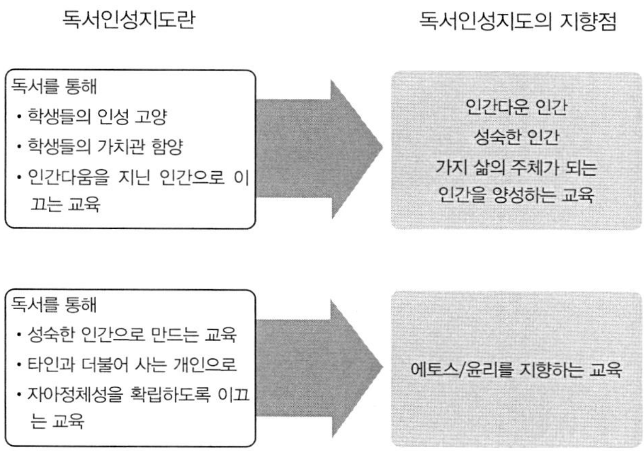

우리는 독서를 통해 자신을 성찰하고 감정이입을 경험하여 성장에 이른다. 이상적인 독서란 인간다운 가치를 판단하고 반성적이고 비판적인 사유를 키우는 독서인데 이는 곧 독서인성교육이 지향하는 바이다. 따라서 인성독서는 궁극적으로 독서인성교육과 중복될 수밖에 없다.

요컨대 독서인성지도는 독서를 통해 학생들의 인성과 가치관 함양 등을 꾀하는 인간교육이다. 여기서 유의해야 할 표현은 '독서를 통해'인데, 독서를 통한다는 표현이 단순히 독서를 수단으로 이용한다는 의미가 아니라는 사실을 기억해야 한다. 독서를 수단이 아닌 목적으로 이해하고 인간적으로 성장해가도록 이끄는 교육이 인성독서이자 독서인성교육이 추구하는 교육이다. 그리고 여기에는 독서교육 패러다임의 전환이 수반되어 있다. 학습자 중심의 교육을 실현하여 인격적인 성장을 도모하는 것이 독서인성교육이며 인성독서인 것이다.

05

인성 · 에토스 · 윤리

인성독서는 인간성, 즉 됨됨이를 갖추는 것을 목표로 에토스를 실현할 수 있도록 안내하는 독서교육이다. 인성독서가 무엇인지를 이해하기 위해서는 그 전제가 되는 인성과 에토스의 개념을 이해할 필요가 있다. 앞 장에서 살펴본 바와 같이 인성이 일반적으로 사람의 성품이나 개인의 사고방식, 행동의 특성을 의미한다면 에토스(ethos)는 민족적이거나 사회적인 관습, 사람에게 도덕적 감정을 갖게 하는 보편적인 도덕적 · 이성적 요소를 의미한다.

원래 에토스는 성격이나 관습 등을 의미하는 고대 그리스어로서 성품에서 우러나오는 인간적인 신뢰감이나 진정성을 말한다. 고대 그리스의 철학자 아리스토텔레스는 그의 저서인 「수사학(Rhetoric)」에서 상대방을 설득하는 요소로 로고스(logos), 파토스(pathos), 에토스(ethos)를 들었다. 로고스는 이성적이고 과학적인 사고능력을 의미하며, 상대방을 설득하는 이성적인 논리를 뜻한다. 파토스는 감각적이고 예술적인 것을 가리키는 것으로 격정 · 정념 · 충동 등의 의미를 지닌다. 상대방을 설득할 때 논리가 아니라 감성에 호소하는 것이 바로 파토스이다. 그리고 에토스는 말하는 사람에 대한 평판과 같이 그 사람에게서 비롯되는 신뢰감과 연결된다. 설득의 내용이 아니라 설득을 하는 화자가 믿을 수 있는 사람인가 하는 면과 관련되는 것이 에토스이다. 이러한 로고스, 파토스, 에토스는 각각 논리학, 수사학, 윤리학으로 발전하였다.

그리하여 에토스는 오늘날 윤리학으로도 번역되며 삶을 살아가는 인간의 윤리적인 태도를 가리키기도 한다. 올바른 행동은 올바른 지(知)에서 나오는 것으로 앎과 삶은 밀접한 관련을 갖는다. 조선시대의 선비정신이나 지행합일의 정신은 앎과 삶을 일치시킨 것이라 할 수 있다. 그러나 최근에는 근대 이후 지식과 삶이 유리되어 생긴 여러 가지 현상을 비판하면서 지식과 현실을 결합하려는 노력이 대두되고 있다. 교양의 가치가 재평가되면서 인문학의 중요성이 대두되고, 다방면에 박학다식한 재능을 지닌 르네상스형 지식인이 각광받고 있다. 21세기를 통섭과 융합의 시대로 인식하는 관점도 이러한 배경과 무관하지 않다. 인문 · 사회과학과 자연과학을 통합해 새로운 것을 만들어내는 통섭적 사유도 지식과 현실을 결합시키고 분파학문의 한계를 벗어나려는 측면에서는 긍정적으로 평가받을 수 있을 것이다.

다시 말해 인성은 사회의 구성원들이 양심이나 관습에 따라 마땅히 지켜야 하는 규범의 총체인 도덕과 조금은 다른 개념이다. 인문학에서는 각자 자신이 지닌 인간다움을 발현하라는 의미에서 하나의 의미로 정해진 인성이 아니라 N개의 인성을 이야기한다. 그래서 인성은 잠정적 용어라 할 수 있다.

06

인성독서의 개념

인성독서가 무엇인지 그 개념을 세 가지로 요약하여 살펴보면 다음과 같다. 첫째, 인성독서는 자신을 성찰하여 자신의 세계를 확장하는 독서이다. 독서는 새로운 의미를 재구성하고 창조해가는 과정에서 서서히 자아를 형성하고 성장해 나간다. 독서를 하면서 우리는 작가의 정신과 만난다. 작가의 가치관을 접하며 책을 읽는 자신을 이해하게 되는 것이 바로 독서이다. 따라서 독서는 작가의 세계를 경유하여 자신을 성찰하게 만들어준다.

둘째, 인성독서는 세계와 소통하고 타자를 만나는 과정으로서의 독서를 일컫는다. 우리는 독서를 하면서 책에서 만나는 무수한 만남을 통해 새로운 세계를 경험하게 된다. 그래서 독서는 타인에 대한 공감적 이해의 과정이라 할 수 있다. 미래학자 제레미 리프킨이 인간이 지니는 본성과 우리 사회의 미래를 다룬 「공감의 시대」에서 뛰어난 공감 능력을 지닌 인간을 '호모 엠파티쿠스(Homo Empathicus)'라고 부른 것도 공감 능력이 그만큼 중요한 가치를 지닌다는 사실을 말해준다. 인간은 독서를 통해 다양한 간접경험을 하고 그 과정에서 세상과 소통하며 자아성찰을 하는 것이다. 그리고 여기서 인성은 인간이 타자와 어떻게 관계를 맺는가와 관련된다.

셋째, 인성독서는 인간의 윤리적 힘을 키우는 독서로서 성숙한 인간을 지향하는 독서이다. 인성독서는 단순한 경험을 제공하는 독서를 지양하고 삶에 대한 가치관을 정립하도록 만드는 독서이다. 따라서 고차원적 사고능력을 지닌 사유하는 인간을 양성하는 독서이며, 인간다움의 가치를 내면화한 품격 있는 인간을 지향하는 독서이다.

07

인성독서 지도 방법론

인성독서의 지도 단계는 초급 단계와 중급 단계, 고급 단계로 나눌 수 있다. 초급 단계의 인성독서는 자신의 내면을 성찰하고, 도덕 발달 이론이나 애니어그램 등 다양한 이론 등을 적용한 독서를 통해 자신을 발견하는 단계로 진행된다. 다음으로 중급 단계는 인성독서 이론을 토대로 인성을 이루는 여러 핵심 가치에 대해 구체적인 고민을 하는 단계이다. 이때 독서활동을 통해 독자는 자신의 내면을 발견하고 성찰하게 된다. 고급 단계는 성숙한 인격으로 나아갈 수 있도록 노력하는 단계로 프로젝트 식의 책읽기로 진행된다. 스스로가 주도적인 독자가 되어 성숙한 인간으로 나아가기 위해 현실과 연결된 구체적인 주제 또는 심화 주제를 통해 적극적인 독서를 진행해나간다.

08

독서인성지도사의 요건

1 독서인성지도사의 내적 요건

독서인성지도사는 기본적으로 다음의 자격을 갖출 필요가 있다. 우선 바람직한 독서인성지도사는 올바른 인성에 대해 항상 고민하는 사람이다. 정해진 답을 따라가는 것이 아니라 인간다움의 의미를 고민하는 자세가 필요하다. 그리고 독서인성지도사는 학생과 더불어 성장하려는 의지를 지녀야 한다. 학생들과 만나면서 스스로도 성장할 수 있어야 할 것이다. 그리하여 독서인성지도사는 독서를 통해 자신의 삶을 성찰할 수 있어야 한다. 독서인성지도사 스스로도 적극적인 독자가 되어 자신의 내면을 들여다보고 성찰하는 자세를 지녀야 한다. 끝으로 독서인성지도사는 통섭적 사유를 펼칠 수 있는 역량을 지녀야 한다.

2 독서인성지도사의 외적 요건

독서인성지도사가 갖추어야 할 외적 요인 역시 네 가지로 요약할 수 있다. 독서인성지도사는 첫째, 독서인의 자질을 갖추어야 한다. 여기서 요구되는 독서인의 자질이란 고도의 독서능력을 겸비한 것을 말한다. 독서인성지도사 스스로 고도의 독서능력을 습득하고 있어야 함을 의미하는 것이다. 둘째, 독서인성지도사는 독서인성연구가로서의 자격을 갖추어야 한다. 독서인성지도에 필요한 이론을 충분히 익힘으로써 독서인성연구가로서 역할을 담당할 수 있어야 할 것이다. 셋째, 독서인성지도사는 독서인성지도 방법론을 익혀 독서인성 전문가로서의 자질을 갖추어야 한다. 끝으로 학습자를 이해하고 교육자로서 필요한 자세를 갖추어 독서인성 교육가가 되어야 한다.

◈ 연습문제 ◈

1. 독서인성교육의 세 가지 범주를 쓰시오.

2. 인성의 개념을 설명하시오.

3. "독서란 작가의 정신과 독자의 정신이 페이지 위에서 만나 대화를 나누는 것이다."라고 말한 비평가는 누구인가요?

4. 독서인성교육이 추구하는 인성의 가치에 해당하는 하위 요소들이 무엇인지 쓰시오.

5. 독서인성교육이 추구하는 사고력의 가치에 해당하는 하위 요소들이 무엇인지 쓰시오.

6. 인성독서의 지향점에 대해 설명하시오.

7. 긍정적인 자아상을 정립하여 앞으로 자신이 어떤 일을 하며 살아갈 것인가를 탐색하기 위한 독서교육은 무엇인가요?

8. 자기주도적으로 지식을 재구성하여 새로운 가치를 창출할 수 있도록 이끄는 독서교육은 무엇인가요?

9. 인간성, 즉 됨됨이를 갖추는 것을 목표로 에토스를 실현할 수 있도록 안내하는 독서교육은 무엇인가요?

10. 민족적이거나 사회적인 관습, 사람에게 도덕적 감정을 갖게 하는 보편적인 도덕적 · 이성적 요소를 의미하는 것은 무엇인가요?

11. 인성독서의 개념을 설명하시오.

12. 독서인성지도사가 갖추어야 할 내적 요건 네 가지를 설명하시오.

13. 독서인성지도사의 외적 요건 네 가지를 설명하시오.

제 10 강

진로독서의 이해

01. 진로교육과 독서

02. 진로교육 관련 개념 및 이론 정리

03. 진로독서 지도의 필요성

01

진로교육과 독서

1 진로교육의 개념

진로교육의 개념은 '개인의 소질과 적성을 바탕으로 자신의 진로를 창의적으로 개발하고 지속적으로 발전시킬 수 있는 역량을 기르는 것'이라고 정리할 수 있다(교육과학기술부, 2012:3). '개인적인 역량을 바탕으로 바른 품성과 높은 사회적 책무성 을 다하는 성숙한 성인으로서의 행복한 삶을 준비하는 것'은 학교 진로교육이 목표로 삼는 것이기도 하다(교육과학기술부, 2012:3). 이와 같은 학교 진로교육의 목표에 따라 학교에서는 창의적인 체험활동을 전개하기 위한 여러 가지 프로그램을 개발하고 있는데 창의적 체험활동에서 범교과적인 학습으로 이루어지는 것이 바로 '독서'이다 따라서 학교 진로교육은 현재 독서, 특히 진로와 연계된 '진로독서'를 통해 이루어지고 있다고 해도 과언은 아닐 것이다.

여기서 진로에 목적을 둔 독서를 '진로 독서'라고 명명할 수 있는데 사실 선행 연구를 종합하여 검토해 보면 '진로 독서'의 개념이 무엇인지, '진로'의 목표가 아닌 '진로 독서'의 목표는 어디에 두어야 하는지, 진로 독서의 내용은 어떻게 해야 하는지, 진로 독서의 방법(교수 · 학습)은 어떠해야 하는지, 그리고 진로 독서의 평가는 어떻게 이루어져야 하는지에 한 논의는 거의 없는 실정이다. 현재로서는 진로 독서와 '교육'이 관련된 심도 있는 학술적인 논의가 매우 부족하다.

2 진로교육의 목표

'2009 개정 교육과정'이 추구하는 인간상은 다음과 같다(교육과학기술부, 2013:1).

> 가. 전인적 성장의 기반 위에 개성의 발달과 진로를 개척하는 사람
> 나. 기초 능력의 바탕 위에 새로운 발상과 도전으로 창의성을 발휘하는 사람
> 다. 문화적 소양과 다원적 가치에 대한 이해를 바탕으로 품격 있는 삶을 영위하는 사람
> 라. 세계와 소통하는 시민으로서 배려와 나눔의 정신으로 공동체 발전에 참여하는 사람

추구하는 인간상에서 첫째인 '전인적 성장의 기반 위에 개성의 발달과 진로를 개척하는 사람'은 이 글에서 중점으로 하고 있는 '진로교육' 내용과 직접적으로 연관된다. 전인적 성장은 평균적인 인간의 육성을 의미하는 것이 아니라, 학생 각자가 가진 개성을 찾고, 발달시키는 것과 조화를 이루어야 한다. 개정 교육과정에서 공통 교육과정과 선택 교육과정을 두어 학생들의 적성과 진로 등을 고려할 수 있게 하는 변화 등이 바로 이러한 개성의 신장 등과

연관이 있을 것이다. 이러한 학생들의 발달은 궁극적으로 학생들이 성공적인 삶을 위할 수 있는 다양한 진로를 모색하는 것과 연결이 되어야 한다. 곧 학교 교육을 통한 전인적 성장과 개성의 발달을 토대로 학생 각자가 자신의 원하는 진로를 찾아 미래 사회의 구성원으로서 한 몫을 할 수 있도록 교육이 이루어져야 한다는 것이다. (교육과학기술부, 2010:27~28)

3 단계별 진로교육의 목표

초중고 학교교육에서 진로교육의 목표는 '학생 자신의 진로를 창의적으로 개발하고 지속적으로 발전시켜 성숙한 민주시민으로서 행복한 삶을 살아갈 수 있는 역량을 개발'하는 데 있다. 이에 따라 진로 역량을 '자기 이해', '일과 직업세계의 이해', '진로 탐색', '진토 디자인'으로 구분하고 있다. 초등학교는 '긍정적 자아개념을 형성하고 일의 중요성을 이해하며 진로 탐색과 계획 및 준비를 위한 기초 소양을 키움으로써, 진로개발역량의 기초를 배양'하는 것을 목표로 하고, 중학교는 '초등학교에서 함양된 진로개발역량의 기초를 발전시키며 다양한 직업 세계와 교육 기회를 탐색하고, 중학교 이후의 진로를 디자인하고 준비'하는 것을 목표로 하며, 고등학교는 '중학교까지 형성된 진로개발 역량을 향상시키고 고등학교 이후의 진로를 디자인하고 이를 실천하기 위해서 준비'하는 것을 목표로 하고 있다(교육과학기술부, 2012:3~5).

4 현단계 진로교육의 현황

다음은 서울특별시교육청에서 2014년 진로 교육 활성화를 위한 계획서의 일부이다(서울특별시교육청, 2014:6).

> 서울시교육청에서 진로교육 활성화를 위해 배포한 계획서의 일부(서울특별시교육청, 2014:6)
>
> - 초중고 단계별 진로교육 목표에 맞는 진로교육 실시
> - 초등학교 자기이해 교과통합 진로교육, 진로체험
> - 중학교 진로탐색 직업체험, 진로설계 워크숍
> - 고등학교 진로계획 진로 탐색장 등 제작

위의 사례를 통해 볼 때 진로교육의 목표는 혼란을 겪게 되고, 올바르지 못한 진로교육을 실행할 확률이 높다. 진로교육의 목표를 이루기 위하여 '진로와 연계한 독서교육 운영'이 핵심임을 보여주는 것이다. 하지만 진로와 연계한 독서교육을 어떻게 운영할지에 대해서는 구체적인 방안이나 방법이 나와 있지 않고 기존의 일반적인 독서교육의 내용과 비슷하다. 다만, 독서의 목적이나 초점을 '진로'에 두고 있는 점이 차별점이라 할 수 있다. '진로'에 목적을 둔, 또는 초점을 둔 독서는 어떠해야 하는지, 어떻게 운영되어야 하는지에 대한 보다 구체적인 방향제시가 있어야 할 것이다.

5 현단계 진로교육의 한계

현재 진로교육은 직업박람회장을 옮겨온 것 같은 정보 제공 차원에서만 이루어지고 있다. 직업에 대한 깊은 이해와 의미의 발견이나 신념의 형성 같은 근원적인 앎과 가치에 닿지 못하고, 표피적이고 지엽적인 정보 제공 차원에 머무르는 경향을 보인다. 진로교육을 통해 학습자 내부의식의 진정한 변화가 일어나고 학습자가 삶의 방향과 가능성을 가늠하면서 준비된 모습으로 세상 속으로 진출할 수 있어야 한다.

독서는 진로교육에 체험과 같은 깊이를 만드는 과정으로서 반드시 필요하다. 독서는 미지의 진로와 직업을 진정한 이해와 체험으로 이끌고 자신의 삶에서 만들어 가게 하는 데 가장 적합하고 효용성있는 교육자료이자 교육 방법이다.

6 앞으로의 과제

진로 독서의 개념을 명확히 해야 한다. 독서는 그 자체가 자기 이해 능력을 키워주고, 진로 정보를 제공해 주면서, 인생의 롤 모델 등을 제공하여 진로를 설계하는 데 도움을 준다. 진로교육의 목표를 달성하기 위해 독서활동을 활용하는 것을 진로 독서라고 명명한다(황매향, 2013:58). '모든 진로 학습을 위하여 도구적인 역할로 이루어지는 독서'가 진로독서인 것이다.

그런데 학교에서 진로 독서 지도를 위한 추천 자료 또는 예시 자료로 제시되는 것을 살펴보면, 주로 '직업 탐색' 위주의 도서로

되어 있는데, 이러한 추천 도서 또는 예시 자료 제공은 탈피해야 한다. 진로교육이 직업 교육은 아니기 때문이다. 진로에 대한 생각에서 중요한 것은 '자신의 이상'은 무엇인지, '자신의 꿈'이 무엇인지를 고민하게 하는 과정이다. 이러한 과정을 위하여 자신과 주변에 대한 고민 등이 이루어질 수 있고, 깊은 생각과 넓은 경험을 할 수 있는 진로 독서로 이끌어야 한다.

진로교육 활성화를 위한 진로교육의 목표가 자기 이해, 일과 직업의 세계 이해, 진로 탐색, 진로 디자인이므로 이에 따라 각각의 목표를 달성하기 위한 진로 독서이어야 한다. 그러므로 '직업 탐색' 위주의 도서 선정은 바람직한 진로교육의 목적을 달성하기에는 알맞지 않다. 특히 현재 '직업 탐색' 중심의 진로 독서 추천 목록은 서울특별시교육청에서 진로교육 목표로 하고 있는 '자기 이해' 중심을 추구하는 것과도 배치된다.

따라서 앞으로의 과제는 진로독서교육의 전문성을 확보해 나가는 것이다. 진로 독서교육의 방향이 직업적 진로를 탐색하는 것만이 아니라 학습자의 삶의 목적을 확인하고 이 목적에 따라 삶을 계획하는 데 두어야 하기 때문이다.

행복한 삶을 살기 위해 재능과 소질을 찾고 삶의 목적을 이루기 위해 필요한 능력이 무엇이고, 그 능력을 어떻게 신장시킬 수 있는지에 대해 개개인의 반성과 숙고의 과정에서 진로 독서는 핵심적인 자리를 차지한다. 이때 인지적 차원의 독서 지도도 필요하지만 흥미와 동기 등의 정의적인 교육이 우선시 되어야 함은 아무리 강조해도 지나치지 않을 것이다.

02

진로교육 관련 개념 및 이론 정리

1 진로교육 관련 개념 정리

진로교육에서 자주 사용되는 주요 개념을 정리해 본다. 진로교육에서 진로란 개인이 살아가면서 갖게 되는 일의 총체로서 생애 전반에 걸쳐 이루어지는 일과 관련된 모든 활동을 일컫는다. 진로성숙은 진로발달 단계에서 탐색기부터 쇠퇴기까지의 발달 단계 중에서 개인이 도달한 위치를 가리키는 개념이다. 진로발달은 Super가 제안했던 탐색기, 잠정기, 전환기, 시행기, 확립기, 안정기, 유지기라는 진로발달 단계를 밟아나가는 것을 의미한다.

진로탐색에는 두 가지 유형이 있다. 학생들의 진로탐색은 직접 경험과 간접 경험으로 이루어지는데, 직접 경험은 견학이나 체험 활동을 통한 것이고 간접 경험은 주로 책을 통해 이루어진다.

2 진로교육에 대한 이론

진로교육이란 자아 이해와 직업 세계의 이해를 토대로 하여 자기의 진로를 탐색, 선택, 결정하여 자아를 성공적으로 실현할 수 있도록 도와주는 종합적인 교육이다. 진로교육은 Parsons(1909)에서 직업 상담으로 시작되어 점차 개인의 적성과 흥미, 능력 등을 고려하여 가장 알맞은 직업을 선택하도록 도와주는 직업지도로 발전했고, 지금은 지능 발달처럼 인간 발달의 한 측면으로 이해되어 '진로 발달'로 이해하며 접근하고 있다.

진로교육에 대한 접근법은 크게 두 가지로 구분된다. 인성에 바탕을 둔 심리이론적 입장과 구조주의적 입장이 그것이다. 두 관점을 대표하는 Holand와 Super의 이론을 중심으로 간략히 살펴보기로 한다.

먼저 Holand의 흥미이론은 대표적인 심리이론적 입장으로서 학습자의 성격 특성을 진로와 관련시켜 진로발달 이론을 정립하였다. 그는 직업흥미 검사를 구성하였는데, 이것을 바탕으로 사람들을 '현실적 성격, 탐색적 성격, 심미적 성격, 사회적 성격, 기업적 성격, 인습적 성격'의 여섯 가지로 분류하여 각 성격별로 적합한 직업이 있음을 말하고, 현실적으로는 두 세 가지의 성격이 복합적으로 섞여서 작용할 수 있는데 가장 우세한 한 두 가지의 성격이 직업선택에 중요하다고 하였다.

그에 따르면 현실적 성격은 사물을 잘 다루고 현재에 관심이 많으며 엔지니어링, 농업, 기술 분야 등의 직업에 적당하다. 탐색적 성격은 지적능력으로 삶과 생활 문제 등을 해결해 가며 수학, 과학, 기술 관련 직업에 알맞고, 심미적 성격은 감각과 상상에 의존하는 경향이 있으며 음악, 문학, 드라마 등 창의적 예술 분야에 적격이다. 사회적 성격은 타인에 대한 관심이 높고 사회문제나 인간관계 등에 가치를 두기 때문에 교육, 사회보장, 직업지원 등의 직업에 적합하고, 기업적 성격은 모험적이고 지배적이며 설득력 있는 성격이므로 판매, 컨설팅, 안내 등과 관련된 직업에 흥미도가 높다. 인습적 성격은 실제적이고 잘 조직되며 구조화된 일을 잘하기 때문에 회계, 비서, 서기직 등에 적당하다.

이처럼 Holland(1985)는 심리이론의 입장에서 여러 직업에 종사하는 사람들의 특성과 여러 직업 환경에 관한 특성들을 통합된 하나의 이론으로 조직함으로써, 사람들이 어떻게 직업적 기회와 진로 동기를 갖게 되는지, 또 사람들이 갖는 직업 또는 직무 만족도와 직업적 성취도를 어떻게 설명할 것인지를 탐구하기 위해 위와 같은 직업적 성격유형론을 개발하였다. 그리고 6가지 직업 유형에 맞추어 권장도서들을 분류한 도서목록을 작성하여 학생들의 직업적 성향에 맞는 진로독서를 권장하였다. 이는 학생들이 책 읽는 기쁨을 통해 타고난 저마다의 재능과 숨은 적성을 파악하는 진로탐색의 기회를 갖게끔 하는 것이며, 진로 성숙도와 글 이해 능력을 향상시켜 학업 성취도를 높일 수 있는 방법이기도 하다.

그 구체적인 독서의 과정을 살펴보면 그는 독서의 과정을 독서 전 · 중 · 후로 나누어 독서활동을 계획한다. 먼저 자신에게 흥미있는 도서를 읽기 전에 미리 그 내용에 대해 생각해 보게 하고, 읽으면서 도서의 이야기 내용을 자신이 하고 싶은 일과 연관시켜서 생각하도록 하며, 읽은 후 자신이 하고 싶은 일에 대해 다시 점검하는 과정을 거쳐 자신의 생활에 적용할 수 있는 방법에 대해 생각해 본다. 이렇게 하면 학생들은 자신의 직업세계를 이해하고 자신의 진로를 자율적, 능동적으로 계획하고 합리적으로 선택할 수 있는 능력이 향상될 것으로 예측하였다.

한편 진로독서의 구조주의적 관점을 대표하는 Super의 이론은 우리나라 진로교육의 기초가 되었는데, 그에 따르면 진로 발달은 평생에 걸쳐 일어나는 것이다. Super의 진로발달이론은 현재까지 나온 진로이론 중에서 가장 포괄적이고 종합적인 이론으로 진로발달을 전생애(life-span), 생애역할(life role), 자아개념(self-concept) 등 크게 세 가지 개념으로 이론화하였고, 이를 상담현장에 접목한 것이다. Super는 사람들이 전형적으로 가지게 되는 발달과정을 중심으로 성장기(Growth Stage), 탐색기(Exploration Stage), 확립기(Establishment Stage), 유지기(Maintenance Stage), 쇠퇴기(Decline Stage) 등으로 생애의 전 단계를 구분하고 있다.

성장기는 출생에서 14세까지의 시기로 주위 인물과의 동일시를 통해 자아개념이 발달되며, 환상기(4~10세)에는 흥미, 취향이 진로선택 요인이 되는 중요한 시기이며, 흥미기(11~12세)는 자신의 능력을 고려하여 진로 선택하는 시기이다. 탐색기(15~24세)는 욕구, 흥미, 능력, 가치, 직업기회 등을 고려하여 잠정적으로 직업을 선택하는 시기이며, 잠정기(15~17세)는 욕구, 흥미, 능력, 자아 등을 고려하여 환상 속에서 잠정적으로 직업을 선택하는 시기이다. 전환기(18~21세)는 취업에 필요한 훈련, 교육 등 현실적인 요인을 고려하며 자아가 직업적 자아개념으로 전환이 일어난다. 시행기(22~24세)는 직업을 갖고, 적합성 여부를 시험하는 단계이며, 확립기(25~44세)는 자신에게 적합한 분야를 발견한다. 안정기(25~30세)는 자신에게 적합한 일인지 평가하고 적합한 일을 발견할 때까지 한 두 차례 변화를 겪으며 영구적인 직업을 확보하려 한다. 진보기(31~44세)는 진로 유형이 명확해져서 자신의 직업 세계에서 안정과 만족, 소속감, 지위 등을 얻으려 하고, 유지기(45~64세)는 정신적, 육체적 기능이 쇠퇴해지고 은퇴를 즌비하며 새로운 역할이나 활동을 찾고, 쇠퇴기(65세 이후)는 은퇴하여 새로운 역할을 하게 된다.

03

진로독서 지도의 필요성

진로발달은 보통 청소년기나 성인기와 같이 긴급하게 진로 선택이 필요한 시기에만 집중적으로 발달하는 것이 아니라 아동기 때부터 발달이 시작된다. 진로발달 주요 이론가들은 초등학교 시기를 미래 학업 및 직업적 성취의 기초를 형성하고 성인 진로발달에 있어서 핵심적인 중요한 성장기로 설정한다. 따라서 초등학교 시기부터 짜임새 있고 체계적인 진로교육이 필요하다.

◈ 연습문제 ◈

1. 진로교육의 개념을 쓰시오.

2. 진로교육의 목표는 무엇인가?

3. 초등학교 교육에서 진로교육의 목표가 무엇인지 쓰시오.

4. 중학교 진로교육의 목표가 무엇인지 쓰시오.

5. 고등학교 진로교육의 목표가 무엇인지 쓰시오.

6. 현단계 진로교육의 한계를 지적하시오.

7. 6에 대한 대안을 제시해 보시오.

8. 진로교육에서 앞으로의 과제가 무엇인지 서술하시오.

◈ 단어의 개념을 풀이하시오. ◈

9. 진로

10. 진로성숙

11. 진로발달

12. 진로탐색의 두 가지 유형은 무엇인가?

13. 진로교육이 두 가지 접근법을 쓰시오.

14. 홀랜드의 흥미이론에 대해 간략히 설명하시오.

15. 홀랜드의 독서의 과정을 간략히 설명하시오.

16. Super의 진로발달 이론을 간략히 설명하시오.

17. Super의 전생애발달이론에서 생애 단계를 어떻게 구분하고 있는지 설명하시오.

18. 진로독서 지도의 필요성을 서술하시오.

제 11 강

학습독서의 이해

01

학습독서의 이해

1 학습독서의 개념

학습독서란 학생이 자주적인 독서인으로 자원기반 학습 환경에서 학습에 필요한 새로운 지식과 정보를 얻고 활용하는 학습활동이다. 이는 평생학습 능력의 핵심인 창의적인 문제해결능력을 기반으로 한다.

2 학습독서의 배경

학습독서의 등장 배경에는 크게 세 가지 요인이 작용하고 있다. 첫째, 평생학습사회의 등장과, 둘째, 독서를 구성주의에서 이해하는 경향이 두드러지면서 독서에 대한 정의도 '지식과 정보를 얻고 인격을 함양하는 행위'라는 목적심의 정의에서 '의미를 재구성하는 과정'이라는 과정심의 정의로 일반화되게 된 구성주의적 관점의 대두, 셋째, 이러한 경향과 맥을 같이하는 자기주도학습이다. 특히 독서교육이 지향하는 자주 독서인은 다양한 자료를 기반으로 이루어지는 학습 환경에서 학생이 갖추어야 할 학습능력과 긴밀한 연관을 갖는다.

3 학습독서의 의미

독서의 일차적인 목적은 책을 읽고 그 내용을 바르게 이해하는 것이므로 독서는 학습의 중요한 수단이다. 정보와 지식 환경의 변화에 따른 학생심의 교수-학습과정 운영과 교사의 학습 조력자로서의 역할 강화는 학생의 학습능력에도 많은 변화를 가져왔다. 이러한 변화는 지식기반사회에서는 자원기반 교수보다는 자원기반 학습이 더 중요하며, 단순한 내용의 암기보다는 지식을 활용할 수 있는 능력이 더 중요하다는 것을 의미한다. 자원기반학습과 지식활용능력은 학습하는 방법의 학습, 지식의 통합과 확장, 의사소통 능력, 사고와 추리능력, 인간관계 능력, 개인과 사회에 대한 책임감 등과 같은 지식기반사회의 학교 교육 목적달성을 위한 조건이다. 학습독서란 학생이 자주 독서인으로서 자원기반학습 환경에서 교과학습에 필요한 새로운 정보와 지식을 얻고 활용하는 학습활동이라고 할 수 있다.

4 학습독서의 특징

가. 자원기반학습

학교 교육에서 교과와 연계한 학습독서는 자원기반학습을 통해서 구체화된다. 자원기반학습은 기존의 교사와 교과서 심의 교실수업과는 달리 학습 제재에 합한 다양한 형태의 자료를 활용하여 학생이 주도적으로 학습과제를 해결하는 교수-학습방법이다. 따라서 단순한 암기능력 보다는 문제해결능력이나 정보활용능력과 같은 새로운 학습능력을 필요로 한다. 특히 자원기반학습이 다양한 형태의 수업자료를 필요로 하고, 자기주도학습과 정보활용능력 등을 통해서 완성된다는 점은 학교도서의 질적 성장과 사서교사의 교육 역할의 변화와도 밀접하게 관련된다. 자원기반학습을 통해서 학생은 학습목표 달성에 필요한 다양한 자료를 얻고 활용함으로써 비판적 사고력과 창의적인 문제해결능력을 기를 수 있다. 또한 의사소통능력, 문화에 대한 이해능력을 기름으로써 개인의 성장을 이룰 수 있다.

나. 탐구기반학습

지식과 정보의 홍수 속에서 탐구는 지식의 생산과 전달에 있어서 매우 중요하며 교육의 본질적인 요소이다. 탐구의 본질은 학생들에게 '알고 있는 것(what we know)'이 아니라 '아는 방법(how we come to know)'을 확장시키는 것이다. 탐구기반학습에서 교사의 역할은 학생 스스로 질문을 통해서 자신의 탐구과제를 분명히 하도록 도와주고, 탐구를 수행할 수 있는 말로 만들고, 자신이 알게 된 새로운 지식을 통해서 탐구결과를 해석하도록 도와주고, 자극을 주는 존재이다. 따라서 학습과정에서 교사의 개입은 최소화되고 학생의 자기주도적인 학습활동이 강조된다.

02

학습능력과 독서능력의 관계

1 학습능력

다양한 학습자료를 활용한 학생주도의 탐구학습능력은 특정 교과에만 필요한 것이 아니라 통합 교과적으로 활용되며, 학교에서 습득한 이러한 학습능력은 평생학습을 추구하는 데 필요한 평생학습능력의 핵심을 형성하게 된다. 평생학습능력은 시민생활과 직업세계에 유연하게 적용할 수 있는 경쟁력있는 인적 자원의 조건이다. 여기서 핵심적인 것은 의사소통능력과 문제해결능력, 그리고 자기주도적인 학습능력과 리더십이다.

2 독서능력

독서능력은 문자와 같은 상징체계가 담고 있는 의미를 읽어내는 해독(decoding) 능력과, 해독한 의미를 자신의 배경지식을 동원하여 이해(comprehension)하는 능력이다. 그리고 이러한 능력은 독서환경과 목적 등 다양한 요인의 영향을 받으며 양과 질적으로 성장한다. 특히 초등학교 4학년에서 중학생 시기에 학생들은 자신의 어휘 만들기에 관심을 갖는다. 따라서 이 시기부터 독서에 대한 학습(learning to read), 학습을 위한 독서(reading to learn)가 가능하며, 일생을 통한 지속적인 독서를 할 수 있도록 지도하기 해서는 정교한 전략이 필요하다.

3 학습능력과 독서능력의 관계

학생들은 학습과정에서 학습문제에 대한 답을 찾고, 찾아낸 답의 의미를 되짚어 보면서 사고능력을 발휘하게 된다. 따라서 독서에서 중심 생각을 찾아내는 능력이 기본인 것처럼, 자원기반학습과 탐구학습의 핵심도 탐구과제와 이용하는 자료의 중심 생각을 찾아내는 것이다. 즉 학생이 해독과 독서의 유연성을 기른 이후에는 독서와 탐구는 동일한 창의 사고력(창의성)을 바탕으로 이루진다고 볼 수 있다. 창의 사고력은 기존의 사고 틀을 탈피하여 새로운 방법으로 문제를 보는 종합능력, 어떤 아이디어가 추구할 가치가 있는지 구분하는 분석능력, 다른 사람에게 아이디어의 가치를 전달할 수 있는 설득능력이다. 최근에는 창의적인 문제해결능력을 길러주기 위한 다양한 학습모형이 개발되고 있다.

특히 Cropley & Urban의 창의성 8단계 모형은 문제를 확인하는 준비단계, 문제를 인식하여 학습하는 정보수집단계, 찾아낸 정보와 문제를 연결하는 부화단계, 찾아낸 정보가 문제해결에 적합한지를 판단하고 부적절한 경우 새로운 해결 방법을 모색하는 조명 검증단계, 해결한 문제를 표현하여 전달하고 평가하는 전달 및 현실화 단계 등으로 이루어져 있다. 이상의 논의를 바탕으로 학습능력과 독서능력의 관계를 정리하면 다음과 같다. 첫째, 독서능력은 의미를 재구성하는 사고능력으로서 탐구학습능력인 창의 사고력(문제해결력)과 일치한다. 둘째, 독서능력과 학습능력은 다양한 자료를 자주적으로 활용할 수 있는 학습환경과 체계적인 학습모형을 통해서 향상된다.

03

교과연계 학습독서의 이해와 방법

1 교과연계 학습독서의 이해

독서지도의 내용은 독서 방법을 학습하는 것과 독서를 통해 학습하는 방법을 배우는 두 가지 과정을 모두 포함한다. 구성주의 학습관에 따르면 학습이란 다양한 책을 읽으면서 상호텍스트성을 바탕으로 지식을 스스로 재구성할 수 있게 하는 것이다. 이제 다른 내용교과들에서 지식을 어떻게 비판적으로 수용하고 능동적으로 재구성해야 하는가는 그것을 어떻게 독서해야 하는가의 문제와 연관된다.

바로 이 지점에서 교과연계 학습독서지도의 필요성 대두된다. 독서교육은 이제 다른 교과 학습과 연계할 때 독서의 본질에 충실한 독서 지도 실현이 가능해진다. 오늘날 내용교과의 수업에서 필수적으로 요구되는 지식의 보충과 확충을 위해 교과연계 학습 독서는 반드시 필요하다.

2 현행 교과연계학습 독서의 지도 전략

교과연계 학습 독서지도는 각 교과의 단원(제재)과 관련하여 제시된 도서를 학습 목표에 맞추어 읽고 정리하도록 하는 것이다. 수업은 과제파악단계, 개인학습단계, 계획학습단계, 공동학습단계 등 4단계 학습모형에 의하여 이루어진다.

학습 진행은 학급담임이나 교과교사가 단일 교과목 시간에 교실이나 도서실 등에서 독서와 연계가 가능한 학습주제를 대상으로 실시하도록 하고 있다. 이 경우 학교도서관의 역할은 주로 교과교사가 요청한 학습자료(독서자료)를 확보하여 제공하는 일과 수업공간인 도서관을 관리하는 수준이다.

대표적인 교과연계독서지도의 전략을 살펴보기로 한다.

가. 텍스트 읽기 과정에 따른 전략

읽기 전 중 후로 나누어 이루어지는 읽기 전략으로, 읽기 전 전략에 속하는 것으로는 미리보기, 예측하기, 연상하기, 건너뛰며 읽기, 빈칸 메우기 등이 있다. 읽기 중 전략으로는 글자 인식하기, 단어지식 늘리기, 제목과 중심생각찾기, 글조직 유형찾기 등이 있다. 읽은 후 전략에는 빨리 읽기, 훑어보기, 요약하기, 연결짓기, 자기점검하기 등이 있다.

나. 텍스트 의미 구성에 따른 전략

여기에는 문장이해하기(어구 만들기, 중요한 세부내용 찾기, 비유언어 이해하기 등), 문장 해결하기(연결어 이해하기, 대용어 이해하기, 가정된 정보 추론하기), 글 전체 이해하기(중심생각찾기, 글 구조 이해, 요약하기), 정교화하기(배경지식사용, 예측, 상상, 비판적 읽기, 창의적 읽기, 정서적으로 반응), 초인지 전략(이해점검, 학습 기능사용, 목적과 과업조절) 등이 있다.

다. 텍스트 이해를 위한 정보

여기에는 배경지식 개발하기(토의, 사전질문, 그림, 미리읽기 등), 어휘개발하기(문맥, 소리 이용), 이해과정과 기능 형성하기(텍스트 이해 단서 제공하기, 텍스트를 경험과 관련짓기), 텍스트 구조 알기 등이 포함된다.

라. SQ3R 전략

①개관(Survey) : 책을 빨리 훑어보기, 지은이의 의도를 생각해 보기 ②질문(Question) : 6하원칙에 따라 질문 만들어 보기 ③읽기(Read) : 읽고 메모하기 ④암송(Recite) : 내용을 외우고, 자신의 말로 만들어 보기 ⑤복습(Review) : 내용을 요약하고 정리하기 등으로 이루어진다.

3 교과연계 학습독서의 방법과 현황

다음은 초등독서지도 자료집에 나타난 독서기반 교수-학습 모형이다. 학습독서의 기본적인 지도 방법으로는 '과제 파악 단계 · 개인 학습 단계 → 계획 학습 단계 · 공동 학습 단계'의 방식을 취하고 있다.

단계	독서지도단계	활동내용
문제인식	과제 파악 단계 개인 학습 단계	1) 학습 독서 제시 2) 학습 독서 해결방안 및 순서 결정 3) 독서를 통한 정보의 수집, 정리 4) 해결 내용 기록
수업안내	계획 학습 단계	1) 학습 독서 확인 2) 학습 독서 해결과 련된 정보 교환 3) 학습 독서 해결 방법및 절차
수업전개		1) 학습 내용과의 연계 2) 개인 학습 결과의 발표, 토의 3) 발표 내용 정리 4) 학습 독서의 해결
수업 정리 발전	공동 학습 단계	1) 학습 내용의 심화, 독서 체험 활동과 연계 2) 내용, 평가

여기서 학습독서 지도방법과 관련해서 두드러진 특징은 지도교사가 한정된 수업시수를 고려하여 최소한 학습 독서 지도 1주일 전에 관련 도서를 다양한 방법으로 제시하고 학생들이 스스로 읽도록 지도한다는 점이다. 따라서 독서자료 유형별 작품이해, 정보흔득, 분석 등 독서 능력 신장을 위한 교육이 단일 교과수업과는 별도로 이루어진다. 이는 자료활용과 교과지도가 단일 수업시

간에 통합되어 운영되는 외국의 사례와는 다른 접근 방법이다.

한 예로 호주 초등학교의 교과연계 학습독서의 경우 '호주 선사시대 주민의 생활'에 대한 학습주제와 관련하여 교사가 첫 시간에 해당 학습주제에 가장 적합한 자료를 선택하고 활용하여 과제를 해결하는 방법을 지도한 후에 학생의 교과연계 독서활동이 이루어지고 있다. 특히 학생들에게 정보 윤리를 지도하기 위해 표절 방지를 위한 인용 방법, 노트정리 방법 등도 해당 교과수업시간에 실시하고 있다.

〈 호주 초등학교 역사과목의 교과연계 학습독서 전략 〉

지도 순서	지도 내용	지도 방법
역사와 관련된 자료 읽는 법	– 중심 단어 찾아내기 – 학습자료별 훑어읽기 연습 인쇄자료 · 비인쇄자료 – 건너뛰며 읽기 · 방법 – 실습	학습지로 실습. 실제 읽을 자료 제시
역사와 관련된 자료 활용법	역사 – 책 형태 역사사 – 인터넷 사전	평가 연습, 학습지로 실습
노트 및 중심 내용 정리하기	찾고자 하는 것 알아보기 중심 단어 기록하기	중심 내용 알아보기, 정리하기 인용한 내용 참조, 표시하기 교사가 제시한 자료를 보고 실습

지도 순서	지도 내용	지도 방법
학습자료 활용하여 학습과제 해결하기	학습주제 정하기 학습주제에 대한 질문 만들기 학습 주제 관련 자료 찾아보기, 질문에 답하기	선수학습활용 · 자료 읽는법 · 자료 활용법 · 노트에 중심내용 정리하기 인용하기
탐구결과 표현하기	공부한 내용 표현방법 정하기 전달하기, 반성하고 평가하기	

04

학습독서의 지도 방향

1 읽기와 쓰기를 통합한 학습 독서의 필요성

학습독서란 학습을 위한 독서이며, 교과학습에서 독서가 매우 중요하다는 것을 강조하는 개념이다. 독서를 통한 학습에서 표현활동(쓰기, 말하기)은 수반되어야 하며, 학습자가 다른 사람의 지식을 자기 말로 푸는 과정에서 자연스럽게 자기 의견을 첨가하게 된다.

읽기와 쓰기를 통합한 학습독서는 자료와 의미구성을 기반으로 학생의 자주적 학습 능력과 창의성을 길러주는 범교과적 학습 활동이다. 자주적 학습능력과 창의성은 읽기를 통해 교과의 학습 내용과 관련된 자료의 의미를 재구성하고, 쓰기는 그것을 적용할 수 있는 기회와 상황을 제공함으로써, 읽기와 쓰기는 서로 상호 작용을 한다.

2 남은 과제

학습독서는 다양한 주제 영역에서 전략을 적용하고 학습할 수 있는 기회를 제공하고 관련된 읽기 전략을 지도하는 방향으로 이루어져야 한다. 그리고 이해와 표현의 두 언어기능을 통합한 독서 전략을 지도하는 방향으로 실행될 수 있다.

학습독서에서 자료 제공기관으로서의 학교도서관 이용법과 정보활용교육의 지도가 필수적이다. 또한 교과간 협동 및 융합 수업의 필요성과 수평적 변형을 고려한 독서 지도의 전략 수립이 필요하고, 나아가 평생학습능력으로서의 학습독서는 단순한 기술이나 능력이 아니라 삶의 한 부분으로 접근해야 할 것이다.

◈ 연습문제 ◈

1. 학습독서의 개념을 쓰시오.

2. 학습독서가 등장하게 된 배경을 서술하시오.

3. 학습독서의 의미를 세 가지 차원에서 설명하시오.

4. 학습독서의 특징을 서술하시오.

5. 학습능력이란 무엇인가?

6. 오늘날 변화된 독서환경에서 독서능력이란 무엇을 의미하는가?

7. 학습독서가 가능한 시기는 대략 언제부터인가?

8. 학습능력과 독서능력의 관계를 간략히 설명하시오.

9. 독서지도의 내용은 무엇인가?

10. 교과연계학습 독서는 왜 필요한가?

11. 현제 독서지도는 어떤 이해 지도로 구성되었는가?

12. 교과연계 독서지도 전략에서 텍스트 읽기 과정에 따른 전략을 설명하시오.

13. 텍스트 의미 구성에 따른 전략에서 이해점검, 학습 기능 사용, 목적과 과업조절은 어떤 전략에 해당되는가?

14. 텍스트 이해를 위한 정보에는 어떤 전략들이 있는가?

15. SQ3R 독서 전략을 풀어서 설명하시오.

16. 읽기와 쓰기를 통합한 학습독서가 필요한 이유를 설명하시오.

17. 읽기와 쓰기를 통합한 학습독서의 장점을 약술하시오.

18. 읽기와 쓰기를 통합한 실제 수업 사례를 두 가지 이상 들어 보시오.

19. 학습독서에서 필수적으로 수반되어야 할 교육 및 지도에는 어떤 것이 있는가?

20. 독서지도의 전략 수립 시 필요한 사항은 무엇인가?

21. 학습독서에 대한 바람직한 접근방식은 무엇인가?

제 12 강

신토피칼 독서를 활용한 독서지도

01. 신토피칼 독서의 개념과 방법
02. 신토피칼 독서의 유래
03. 신토피콘의 구조
04. 신토피콘을 적용한 몇 가지 사례
05. 신토피콘과 관련된 몇 가지 오해와 진실

01

신토피칼 독서의 개념과 방법

1 신토피칼 독서의 개념

신토피칼 독서는 한 권 이상의 책이 하나의 문제와 관련되는 점과, 그런 문제에 대한 답변을 구하기 위해서는 여러 권의 책을 읽어야 한다는 사실에서 출발하는 독서법이다. 우리의 일상적 독서는 주제를 중심으로 두 개 이상의 텍스트를 통합적으로 다루는 것인 경우가 많다. 이때 두 개 이상의 텍스트를 통합적으로 읽는 것이 신토피칼 독서이다.

2 신토피칼 독서의 방법

신토피칼 독서는 한 가지 주제와 관련된 여러권의 책을 읽는 것이다. 그 방법을 구체적으로 알아보기로 한다.

가. 복수 텍스트 읽기 :상호 텍스트성

상호텍스트성은 둘 이상의 텍스트 사이의 공존 관계를 뜻한다. "상호텍스트성은 가장 명시적인 형태인 인용과 가장 은밀한 형태인 표절로 나뉜다"(쥬네트), "한 텍스트가 다른 텍스트와 관계를 갖지 못하면 텍스트로서의 지위를 획득할 수 없다"(보그랑데와

드레스러), "하나의 텍스트 안에도 모자이크로 감추어진 여러 목소리들이 있다"(바흐친)

나. 주제 중심 독서

주제 중심 독서는 특정 주제에 대하여 경쟁적 관계를 맺는 복수의 텍스트를 독서 자료로 하여 통합적이고 비판적인 독서를 유도한다. 주제 중심 독서는 다음의 5가지 유형으로 나눌 수 있다.

유형1

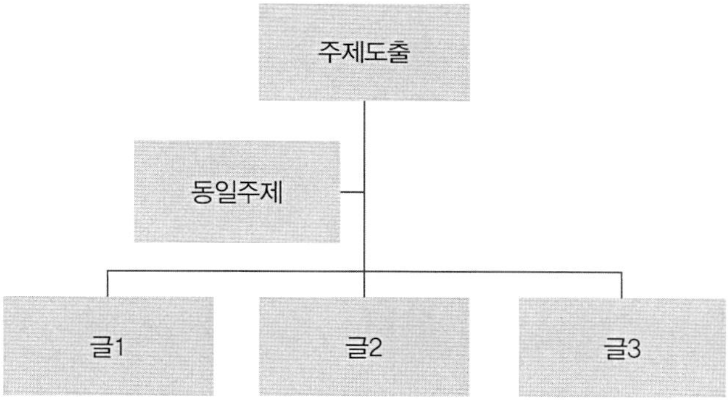

유형2

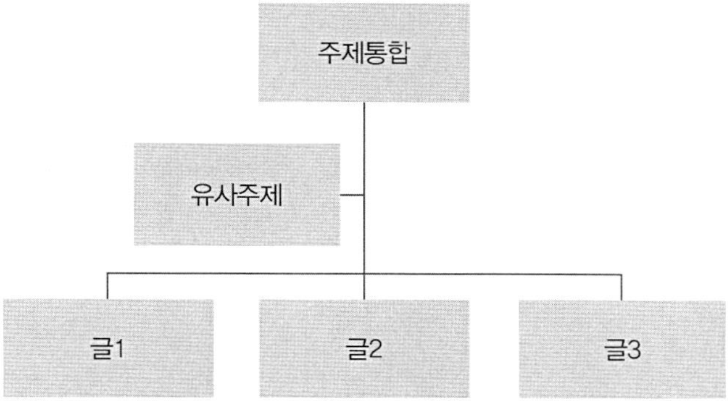

유형3

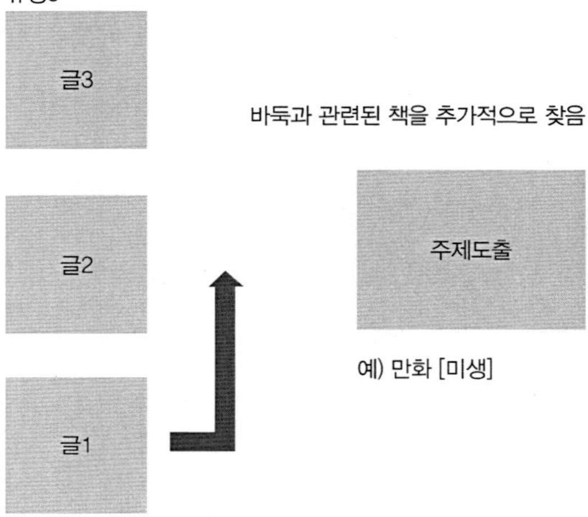
글3
바둑과 관련된 책을 추가적으로 찾음
주제도출
글2
예) 만화 [미생]
글1

유형4

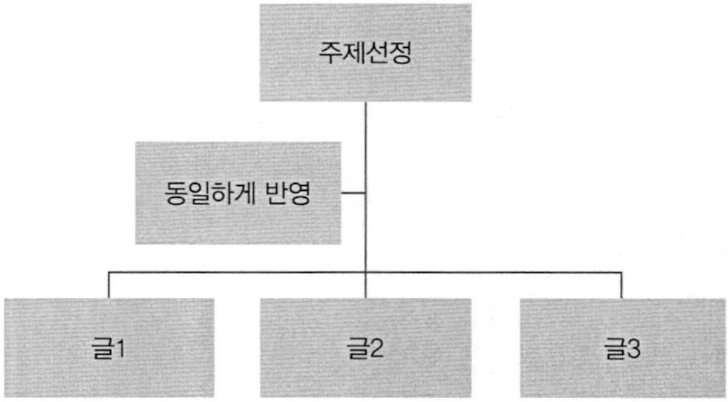
주제선정
동일하게 반영
글1
글2
글3

유형5

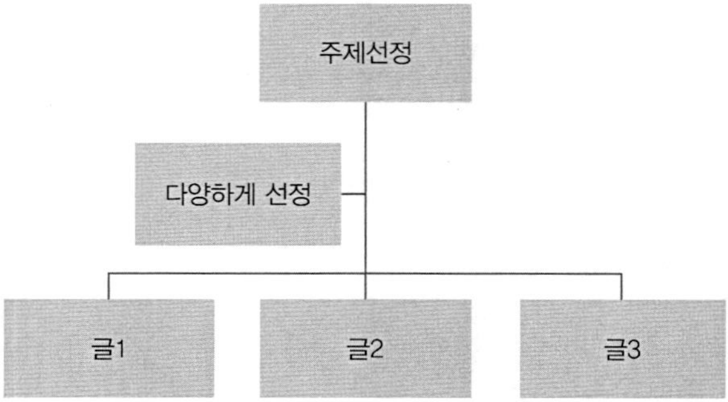
주제선정
다양하게 선정
글1
글2
글3

02

신토피칼 독서의 유래

1 용어의 유래

Syntopicon은 '함께, 동시에'의 뜻을 갖는 접두어 syn과, 화제를 의미하는 topic, 소립자, 단위를 뜻하는 접미사 on을 결합하여 모티머 애들러가 창안한 신조어이다. 특정 토픽을 단위로 여러 책을 동시에, 해당하는 부분만을 골라 횡으로 읽는 독서방법을 고안한 애들러는 이것을 신토피칼 독서라 명령하였다.

2 신토피콘과 '위대한 저서(Great Books)'

신토피콘은 원래 '위대한 저서'를 토픽(주제)별로 동시에 관련도서를 읽을 수 있도록 도와주는 장치로 고안된 독서법이다. '위대한 저서'는 1930년 교육행정가 허친스가 시카고 대학교 총장으로 지명된 당시에 시카고 대학교 로스쿨에서 법철학을 강의하던 애들러를 만나 고전 읽기의 가치와 중요성을 인식하고 교양교육의 일환으로 영속적인 진리를 탐구할 수 있는 명저 탐독의 기회를 제공하고자 구상되었다. 허친스와 애들러는 전문가를 초빙하여 편집위원회를 구성하고 10여년의 작업을 거쳐 총 54권으로 구성된 '위대한 저서' 전집을 출간하였다.

1952년 초판 발행 이후 엄청난 호평을 받았으나, 20세기 이후의 명저가 누락되었다는 비판이 일자, '위대한 저서'의 부편집장이었던 애들러는 1990년 20세기 저작을 추가하여 총 60권으로 구성된 2판을 발행하였다. '위대한 저서'는 지적 탁월성과 도덕적 탁월성을 갖춘 지성인을 양성하는데 교육의 목적이 있음을 강조하였다. 애들러와 허친스는 브리태니커사와 공동으로 위대한 저서 재단을 설립하여 교양교육의 일환으로 서양의 정전을 읽기 위한 독서 프로그램으로 '위대한 저서'를 널리 보급하였다. 애들러는 1966년 특별판으로 How to Read a Book을 발행하여 '위대한 저서'의 목록과 신토피콘에 의한 신토피칼 독서의 개념을 처음으로 소개하였는데, 여기서 신토피콘은 비단 '위대한 저서'만이 아니라, 다른 모든 주제 중심의 독서교육 프로그램에 적용될 수 있는 독서 방법으로 제시됨으로써 오늘날까지 독서 및 독서교육 분야에 획기적인 시사점을 던져 주고 있다.

3 신토피콘의 가치와 효용

애들러가 제시한 신토피콘의 가치는 크게 네 가지로 나눠볼 수 있다.

첫째, 참고도서로서의 가치. 애초에 위대한 저서에 포함된 저작 중 특정 주제와 관련된 저작을 찾거나 정보를 직접 제공해 주는 정보원으로서, 애들러는 신토피콘 전체를 참고 질문에 관한 보고로서의 참고도서관이라 명명했다.

둘째, 읽어야 할 도서 선정도구로서의 신토피콘. 토픽에 대한 여러 저작 중에서 어떤 책을 읽어야 하는지 독서자료를 선정하는 역할이다. 신토피콘은 102개의 아이디어와, 각 아이디어 아래 토픽 단위로 반드시 읽어야 할 저작을 열거해 놓음으로써 독서자료 선정에 도움을 준다.

셋째, 교양교육을 위한 도구로서의 가치. 애들러는 신토피칼 독서를 아이디어 전체 혹은 특정 주제별 교양교육 프로그램에 적용할 수 있고, 개별적으로 자유롭게 독서하거나 교양과목으로 개설하여 교양교육에 기여할 수 있다고 보았다.

넷째, 탐구 및 연구 도구로서의 가치. 단일 저자의 사상이나 다른 저자와의 선후 영향관계 파악, 특정 기간 동안의 사상, 관념에 대한 탐구에도 유용하게 활용할 수 있다. 특정 주제나 테마를 바탕으로 학생들에게 신토피콘을 직접 작성하도록 함으로써 거시적인 연구를 수행하는데 도움을 준다.

4 독서방법으로서의 신토피콘

애들러는 동료교수인 찰스 반 도렌과 공동으로 1972년 How to Read a Book 개정판을 발행하면서, 신토피칼 독서에 대해 구체적으로 설명하였다. 그는 독서의 수준을 크게 4가지로 구분하면서 신토피칼 독서를 독서의 최고 수준으로 평가한다. 여기서 신토피칼 독서는 더 이상 위대한 저서를 전제로 하지 않는 독립적인 독서의 방법으로 독자가 직접 주제와 관련된 자료를 선정하고, 선정한 자료를 대략 훑어보면서 토픽 리스트를 만들고 이것을 바탕으로 여러 책을 동시에 읽을 수 있는 독서법으로 제시된다. 신토피콘은 텍스트간의 상호관계 파악이나 특정 토픽에 대한 심층적인 이해를 돕는 독창적인 독서방법이다. 분업화와 더불어 지식의 분화가 진행되던 산업화와 달리 지식정보사회에서는 세분화된 분야를 전체적으로 조망할 수 있는 융복합적인 사유능력이 요구되는데, 신토피콘은 하나의 주제를 중심으로 그 주제를 다루고 있는 인문, 사회, 자연, 예능 등 모든 분야를 통합할 수 있는 우리 시대 꼭 필요한 독서법이다.

03

신토피콘의 구조

1 신토피콘의 등장 배경

본래 신토피콘은 '위대한 저서'를 다른 권장도서목록 등과 구분짓는 고유한 특징이다. '위대한 저서'는 명저를 모아 편찬한 단순한 전집이나 선집이 아니라, 독특한 형식의 독서방법, 탐구, 토론 등을 도와주는 신토피콘이라는 장치를 포함하고 있기 때문이다. 1990년 발행한 2판의 경우에는 제1, 2권에 신토피콘이 수록되었다. 신토피콘은 제3권부터 60권에 수록된 저작 원문을 동물, 미, 존재, 행복, 물질 등 102개의 아이디어라는 개념으로 조직화해

놓은 것이다. 102개의 아이디어는 핵심 주제 혹은 쟁점, 이슈라는 의미로 위대한 아이디어라 명명된다. 아이디어는 '위대한 저서'에 포함된 저작에서 다루고 있는 전체 주제 혹은 개념을 102개로 압축한 것이다.

이는 인류가 갖고 있는 모든 관념을 계층적으로 구조화하는 존재의 대사슬의 영향을 받고 있다. 존재의 대사슬 이론은 르네상스 시대에 성행하다가 19세기에 자취를 감춘 것으로 천사, 인간, 동물, 식물 등의 모든 존재들이 한 고리로 연결되어 있다고 보는 이론이다.

2 신토피콘의 전체 구조

가. 개요 : 해당 아이디어에 대해 개관하고 있는 산문 형식의 해설, 논평 자료로 아이디어에 대한 다양한 의미와 서구전통에서 중요한 이슈와 문제로 등장한 이유 및 역사적인 흐름 등을 개략적으로 소개한 부분이다. 여기서는 해당 아이디어에 대해 다루고 있는 저자와 저작에 대해 소개해주고 다른 아이디어 혹은 토픽간의 관계에 대해서도 언급한다.

나. 토픽구조 : 102개 아이디어 중 해당 아이디어에 대한 테마, 즉 세부 토픽을 열거한 부분이다. 아이디어에 대한 전체 구조를 파악할 수 있도록 해 준다.

다. 참조 : 토픽에 대해 다루고 있는 실제 원문 텍스트로 안내하는 글이다. 참조의 길이는 길게는 20페이지 이상 걸쳐 수록되어 있어, 아이디어가 어떤 토픽으로 구성되어 있는지 한눈에 알아보기 어렵다. 따라서 참조에 앞서 토픽 구조를 배치하고 있는 것이다.

신토피콘의 전체 구조를 한눈에 볼 수 있도록 그림으로 제시하면 다음과 같다.

예시)

6

미(beauty)

개요

토픽 구조(outline of topics)

1. 미에 대한 일반 이론 1a~1d
2. 자연미와 예술미
3. 욕망과 사랑과 관련한 대상이나 원인으로서의 미
4. 쾌락과 고통, 선과 악과 관련된 미와 추
5. 미에 대한 판단들
6. 교육에서 미의 역할
7. 정신적인 미

예시)

참조

1. 미에 대한 일반
6권 플라톤, 126,167,242–243, 266–267
7권 아리스토텔레스, 602
11권 아우렐리우스, 250
11권 플로티누스, 311,322–327,591, 595
39권 칸트, 476–479, 484–485, 496, 501–502
43권 헤겔, 368
53권 윌리엄 제임스, 865–866, 886–888
54권 프로이드, 880
59권 조이스, 632–633
60권 울프, 14, 88–89

예시)

14

울프

산은 매우 아름답지만, 희망은 보이지 않았다. 전혀 보이지 않았다. 그래서 울컥 화가 치밀어 오른 그녀는 제임스를 보고 괜히 짜증을 부리며 말을 걸었다. “움직이지 말고 똑바로 서. 지루해 하지 마.”

여기서 보여주는 것처럼 신토피콘은 102개의 아이디어에 대한 일련번호로 시작하며, 위의 예시에서 숫자 6은 6번째 아이디어 '미'에 대한 장임을 나타낸다. 이어 간략한 개요가 나오고 아이디어에 포함된 세부 토픽을 나타내는 토픽구조, '위대한 저서'의 각 전집 중 해당 토픽에 대해 다루고 있는 원문 텍스트로 안내하는 참조 등이 나온다.

산토피곤에 포함된 아이디어의 주제 분포
00(총류): 천사, 동물, 귀족정치, 예술, 미, 헌번, 관습, 교육, 가족, 정부, 명예, 지식, 법, 논리, 기억, 추리, 과학 등 100(철학, 심리학): 동물, 미, 존재, 기회, 용기, 정서, 불멸, 진화, 체험, 운명, 산과 악, 습관, 행복, 가설, 지식, 언어, 자유, 삶, 논리, 사랑, 물질 등

산토피곤에 포함된 아이디어의 주제 분포
200(종교): 천사, 예술, 천문학, 시민, 의무, 지놔, 체험, 신, 형벌, 종교, 죄악, 영혼, 신학 등 300(사회과학): 시민, 헌법, 관습, 민주주의, 교육, 판결, 법, 자유, 군주제, 저항, 진보, 혁명, 노예제도, 폭정 등 400(언어): 무한대, 언어 등

이렇듯 신토피콘에 포함된 102개의 아이디어는 총류에서 역사 및 지리에 이르기까지 전 주제 분야를 포괄하고 있다. 하나의 아이디어는 한 주제 분야에 국한하지 않고 여러 주제 분야에 걸쳐 분포하고 있다. 가령, '사랑'이란 아이디어는 100, 200, 300, 700, 800 등에 걸쳐서 다뤄진다.

산토피곤에 포함된 아이디어의 주제 분포	산토피곤에 포함된 아이디어의 주제 분포
500(순수과학): 동물, 처눈학, 성분, 진화, 가설, 언어, 논리, 수학, 물질, 역학, 자연, 자연과학, 공간, 시간 등 600(기술과학): 예술, 미, 변화, 시민, 관습, 교육, 정서, 가족, 형식, 습관, 논리, 역학, 의학, 기억, 자연과학 등 700(예술): 천사, 동물, 예술, 미역사, 사탕, 형식, 삶 등	800(문학): 천사, 동물, 미, 관습, 정서, 행복, 정의, 사랑, 자연, 철학, 시, 수사학, 과학, 종교, 시간 등 900(역사): 원인, 민주주의, 가족, 정부, 역사, 명예, 세계, 노예, 제도 등

04

신토피콘을 적용을 몇 가지 사례

1 그레이트 북스(위대한 저서) 재단의 일반 시민을 대상으로 하는 인문고전 독서 프로그램 및 독서토론

1929년 27세의 나이로 시카고 대학 철학과 교수가 된 모티머 애들러에 의해 창안되었다. 애들러는 당시 시카고 대학 총장 로버트 허친스의 후원을 받아 위대한 저서들이라는 리스트를 만들었다. 이 리스트에 포함된 저서들은 소위 말하는 서양의 고전이 추축을 이룬다.

애들러와 허친스는 '그레이트 북스재단'을 설립하고 성인들을 위한 기본 교양교육 프로그램을 구체화한 후 1943년에는 「브리타니카 백과사전」에서 출판하는 위대한 저서들의 편집을 주도하여 54권에 이르는 방대한 전집을 출간한다. 이 전집은 미국인들의 가정 서고에 하나의 장식물처럼 널리 유행하였고, 미국의 대학들은 이 프로그램을 교육과정에 도입하여 미국문화의 수준을 향상시키는 도구로 활용되었다.

우리가 일상생활에서 문제에 부딪히고 인생행로를 상실했을 때 반드시 필요한 것이 무엇인가라는 질문에 대해 애들러는 "한 단어로 대답을 하면 아이디어이고, 두 단어로 대답하면 위대한 사상들"이라고 언급한다. "위대한 저서들은 무지한 사람들에게 위대한 저서뿐 아니라 일반 서적의 독서법을 가르쳐 준다."

애들러와 허친스는 원래 무지한 미국 성인들의 교양수준을 향상시키기 위해 위대한 저서들 프로그램을 시작했지만 곧 그것이 가지는 교양교육운동의 한계를 뛰어넘어 제도화할 필요성을 느끼게 된다. 그리하여 시카고 대학 내에 사회사상분과 위원회를 설립한다.

2 시카고 대학의 "사회사상분과 위원회"

전체 미국사회를 이끌어 갈 지도자들을 대학 안에서 이 프로그램을 도입하여 양성하자는 취지에서 설립되었다. 학과가 아닌 위원회 체제로 일반 학과와 교과 커리큘럼, 교육목표, 교육철학이 다르다. 일반적인 학과의 최우선 목표는 학생들에게 전공이라는 명칭 하에 전문적 교육, 세분화된 교육, 졸업 후 직장에서 필요한 직업교육을 가르치는 것으로, 이는 세밀하고 부분적인 파편화된 지식의 습득을 지향한다. 반면 사회사상분과위원회는 다양한 서양고전의 분야들, 가령 문학, 철학, 인류학, 사회학, 경제학, 과학 등 학문의 모든 분야를 교육하여 전인적인 인간을 양성하는 것을 목표로 한다.

따라서 철저히 대학원 중심과정으로, 일반 학과들이 학부와 대학원을 가지는 반면, 위원회는 학부과정 없이 대학원만 존재하는 특이한 구조를 취하고 있다. 이는 훌륭한 시민을 양성하고 직업훈련을 시키는 것이 학부과정의 목표라면, 위원회의 목표는 서양고전에 통달한 사회의 지도자를 양성하는 것이 목표이기 때문이다. 위원회의 교수들은 일반적인 학과 교수들에게서 보이는 상호 전공의 유사성을 찾아보기 힘들 정도로 다양하다. 이런 교수와 강좌의 다양성은 학생들의 사고의 지평을 넓히는 데 기여한다. 학과에 속해있는 대부분의 미국 대학생들이 전공분야의 수업만을 편식함으로써 생기는 무지의 가능성을 철저히 배격한 것이다.

대부분의 강좌는 인간의 근원적인 질문에 대하여 답을 찾는 과정을 제시하기 때문에 강좌들은 철학적이고 사변적이다. 3년 동안 종합적이고 철학적인 사고의 훈련을 받은 다음 학생들은 종합시험을 치루게 된다. 시험은 세 분야로 나뉘어 치러지는데 시험문제는 대략 다음과 같은 방식으로 출제된다.

가) 상상력을 테스트하는 문학시험 : "당신이 햄릿의 연출가라면 극중극을 어떻게 처리하겠는가" 등

나) 철학, 종교신학 시험 : "니체의 [선악을 넘어서]에서 자연의 역할에 대해 논하시오" 등

다) 역사와 사회 이론 시험 : "행복과 인간의 존엄성에 대하여 토크빌과 베버는 다른 시각을 가지고 있다. 그들의 저서에 기초하여 답하시오.

답안은 서양문명 전체에 통달하고 나아가 창의적으로 세상을 바라보는 시각을 요구한다. 고전을 읽고 탐구하되 그것을 현대적으로 재해석하게 하는 지적훈련을 시키는 것이다. 위원회의 교육철학은 서양의 고전이 분명 문제해결을 위한 마스터 키 역할을 한다고 확신한다. 위원회 소속 학생들의 마지막 훈련은 논문작성이다. 거대한 문화의 스펙트럼을 독창적으로 해석하거나 예측하는 종류의 논문이 주종을 이룬다. 이는 학문적 시류나 유행을 따르지 않고 서양의 고전적 철학에 바탕을 두고 문제해결을 시도하는 것이다.

위원회 학생들은 피상적으로 새로워 보이는 것을 추종하는 신상품 수입 상인적인 태도를 거부하고, 철저하게 고전의 가르침에 바탕을 둔 교육을 받는다. 졸업생들은 대부분 대학 교수로 임용된다. 다른 학과 학생들보다 더 빨리 더 다양한 분야에서 직업을 가지며, 학생에 대한 평판, 구직율, 직장에서의 역할 수행능력 등 모든 면에서 우수하다.

05

신토피콘과 관련된 몇 가지 오해와 진실

위대한 저서들이 서양, 백인, 남성의 이야기이며 이 강좌를 계속 유지하는 이유도 이 세 가지 주체의 권력담론과 밀접한 관계가 있다는 것이 위대한 저서들 프로그램에 대한 부정적 시각의 핵심이다.

이들은 다음과 같이 말한다. "이 도서목록을 옥스퍼드 대학 교수들에게 보여주세요… 정전이라니요. 그건 현대의 미국식 발상입니다. 정전은 고정되면 안 됩니다. 위대한 저서들 목록을 만들고 그것을 강요하겠다는 것은 환상에 불과해요. 옥스퍼드와 캠브리지에서는 결코 그 목록을 만들 수 없어요. 목록을 만든다는 것은 미국의 교육체계가 불안하다는 것입니다. 목록은 순전히 미국적 사고의 부산물입니다"(시오반 길페더). 유럽 대학생들에게 위대한 저서들을 강요하지 않아도 되는 이유는 대학 입학 이전에 이미 대부분 읽었기 때문이다. 그에 비해 미국학생들은 토크쇼, 싸구려 잡지 읽기, 각종 질 낮은 대중문화에 흠뻑 젖어 서양의 고전을 접할 기회가 없었다는 것이다.

시카고 대학의 사회사상분과위원회와 컬럼비아대학의 위대한 저서들 책임자들은 대학교육의 핵심과목으로 서양고전을 고집하는 반면, 다문화주의 지지자들은 학교에서 다양한 민족의 전통과 문화를 소개하는 텍스트를 가르쳐야 한다고 주장한다.

우리나라의 경우 "대건 중학교 위대한 저서 읽기 연구회"를 조직하여 위대한 저서들을 교육 현장에 직접 도입한 사례가 있다. 그 결과 학생들의 독서능력이 크게 함양되고 인성교육에도 도움이 되었음이 확인되었다. 또한 사단법인 한국독서문화재단의 "파이데이아 지도자 과정"에서도 시카고 대학의 위대한 저서 목록으로 독서교육을 향상시키고 사회사상분과위원회가 추구한 교육철학의 목표를 달성하기 위해 노력하고 있다.

그러나 시카고 대학 사회사상분과위원회에 재학 중이거나 졸업한 한국학생은 아직 한 명도 없다. 사실상 위대한 저서와 관련하여 서구인과 비서구인, 백인문화와 유색인종 문화, 엘리트 문화 대 대중 문화, 고전 대 현대 등 이분법만으로 해결할 수 없는 복잡한 문제들이 얽혀 있음을 부인할 수 없다. 따라서 신토피콘과 위대한 저서는 별도로 접근가능하며, 독서지도에서 반드시 분리시킬 필요가 있다.

◈ 연습문제 ◈

1. 신토피칼 독서의 개념을 설명하시오.

2. 신토피칼 독서의 구체적인 방법은 무엇인가?

3. 상호텍스트성에 대해 설명하시오.

4. 신토피칼 독서의 용어는 어디서 유래했는가?

5. 신토피콘과 위대한 저서의 관계를 설명하시오.

6. 모티머 애들러가 제시한 신토피콘의 네 가지 가치는 무엇인가?

7. 하나의 독서법으로서의 신토피콘의 성격을 약술하시오.

8. 신토피콘의 등장 과정을 약술하시오.

9. 신토피콘의 전체 구조를 설명하시오.

10. 시카고 대학의 "사회사상분과 위원회"의 설립과 신토피콘의 관계를 약술하시오.

11. "사회사상분과 위원회"의 수업방식을 간략히 설명하시오.

12. 신토피콘 및 위대한 저서와 관련된 오해와 비난은 무엇인가?

제 13 강

장르별 독서법 Ⅰ

01. 그림책

02. 역사책

03. 동시

01

그림책

1 그림책의 개념

그림책은 그림과 글이 어우러져 이야기를 전달하는 책이다. 그림책에는 이야기가 담겨있으며 그 이야기를 통해 주제를 전달한다. 마쓰이 다다시는 「어린이와 그림책」에서 그림책은 그림을 감상하기 위한 책이 아니라 이야기의 세계를 어린이 마음속에 펼쳐주기 위한 책이라고 말한 바 있다. 이 말은 그림책을 읽을 때에는 그림 그 자체가 아니라 그림이 전달하고 있는 이야기에 주목해서 읽어야 한다는 사실을 내포하고 있다.

그림책은 그림과 이야기가 하나의 서사(narrative) 구조를 형성하고 있다. 따라서 그림책을 읽기 위해서는 그림과 어우러진 글이 전달하는 하나의 이야기를 이해할 수 있어야 한다. 그림책은, 줄글이 상세한 이야기를 전달하고 있는 동화나 소설과는 다른 이야기 구조를 지니고 있다. 그러므로 그림책을 읽을 때에는 그림과 그림 사이, 그림과 글이 성기게 연결하고 있는 이야기 구조를 촘촘하게 연결할 수 있는 상상력이 필요한 것이다. 그런 의미에서 그림책을 읽을 때에는 읽는 '나'가 부각된다고 말할 수 있다. 그림책을 읽어나가는 독자의 상상력이 그림책의 서사구조가 갖는 빈 틈을 메워주기 때문에 그림책 읽기야말로 적극적이고 주도적인 독서능력이 요구되는 것이다. 따라서 그림책은 자기주도적인 책 읽기를 펼칠 수 있는 독서를 제공하므로 그 과정에서 감각을 깨우고 내면을 변화시킬 수 있는 책읽기를 실현할 수 있다.

2 그림책의 특성

그림책은 일반적으로 어린이가 처음으로 문학적 경험을 하는 책이다. 그림책은 글과 그림이 조화로운 서사를 이루고 있을 뿐만 아니라 책의 표지나 속지 등도 역동적으로 이야기(story)에 참여하여 서사(narrative)의 일부를 담당하고 있다. 예를 들어 「강아지똥」의 경우 그림책의 앞뒤 표지와 속지 등도 서사구조와 밀접하게 연관되어 있다. 특히 다양한 편집이나 독특한 일러스트 등으로 이루어진 그림책은 그림이나 편집 자체가 작가가 전달하려는 주제와 연관된 메시지를 전달하고 있다.

그림책은 새로운 표현기법이 창조하는 새로운 세계를 펼쳐 보여주는 책으로서, 그림책에서 글과 그림이 복합적으로 만들어내고 있는 이야기의 세계는 독특한 구성방식 등과 함께 그 자체로 풍부한 서사의 세계를 형성해낸다.

3 그림책의 종류

그림책은 형태와 내용에 따라 그림 이야기책과 정보 그림책, 글자 없는 그림책으로 분류할 수 있다. 그림 이야기책은 줄거리가 있는 글과 그림으로 구성된 책으로 대부분의 그림책이 이 유형에 속한다. 정보 그림책은 여러 가지 지식을 알려주는 책으로 어린이가 다양한 지식을 폭넓게 접하는 책이라 할 수 있다. 말놀이 그림책이나 숫자를 익힐 수 있는 책, 개념책 등이 정보 그림책에 속한다. 글자 없는 그림책은 말 그대로 글이 없이 그림만으로 구성된 그림책을 말한다. 글자 없이 그림으로만 구성된 그림책은 글자가 없는 대신 그림으로 이야기를 전달한다. 글자 없는 그림책을 읽을 때 독자는 글자가 아니라 그림으로 이야기를 구성해나가기 때문에 상상력을 키우는 데 도움이 된다.

4 그림책 읽기

영국의 미술사가 케네스 크라크는 「회화를 보는 법」 서문에서 다음과 같이 말하고 있다.

> "그림을 볼 때 나는, 제일 처음엔 하나의 전체로서 본다. 주제가 무엇인지 인식하기도 전에 전반적인 인상이 먼저 와 닿는다. 그것은 전체의 상태와 펼쳐진 폭, 형태, 색의 관계에서 비롯된다. 이 최초의 충격은 순간적인 것이다. 만약 위대한 작품이 가게 전시장에 걸려 있다면, 시속 30마일로 달리는 버스의 차창으로 흘끗 본 것만으로도 알아차릴 수 있다고 단언한다."

이 예문에서 말하고 있는 그림을 감상하는 방법을 그림책을 읽을 때에도 적용할 수 있을 것이다. 그림책을 읽을 때 독자는 그림책을 하나의 예술 작품으로 간주하고 그림책 전체를 하나의 세계로 바라볼 수 있으며 그 세계를 감각적으로 체험할 수 있다. 오감을 활용하여 그림책을 그 자체로 느껴보는 것도 그림책을 읽는 한 가지 방법이 될 수 있다.

또한 그림과 이야기를 연계하며 읽을 수 있다. 그림 자체에 주목하여 그림이 말하고 있는 이야기를 재구성하며 읽는 방법이다. 그리고 언어에 주목하여 읽을 수도 있다. 그림책은 그림이 주가 되어 글과 더불어 이야기를 전달하는 책이므로 소리를 내어 읽으면서 언어의 시적인 사용에 주목하며 읽는다면 그림과 언어의 유기적 관계를 파악할 수 있다. 그림책을 읽을 때 상상력을 발휘하여 그림과 그림 사이의 비어있는 부분을 채우며 읽을 수 있다. 이는 독자가 적극적으로 공감하며 읽을 때 가능한 독서법이다.

그림책은 이성적인 사유에 근거하여 읽기보다 감각을 적극적으로 동원하여 읽어나갈 때 풍부한 이야기의 세계를 맛볼 수 있다. 독서를 통해 인격적 성숙에 이르고 자아의 세계를 확장해 나가는 것이 바람직한 독서교육의 목표라면 그림책 읽기는 독자의 세계를 깨우고 독자로 하여금 상상력을 발휘하여 가공의 세계와 등장인물에게 공감하도록 이끄는 긍정적인 독서경험을 제공해 줄 것이다. 그리하여 감각을 동원한 몰입의 즐거움을 맛볼 수 있는 독서가 바로 그림책 읽기라 할 수 있다.

02

역사책

역사상으로 실제 있었던 일들을 사실로서의 역사라고 한다면, 우리가 일반적으로 말하는 역사는 이와 달리 사실들에 대해 쓴 기록으로서의 역사이다. 독자들은 사실들 자체를 읽는 것이 아니라 사실들을 기록한 기록물들을 읽는 것이다. 기록으로서의 역사에는 특정 사건이나 시대에 관한 기록 모음집, 참가자의 구술 인터뷰 등이 역사로 간주될 수 있다. 물론 일기나 서간집처럼 다른 의도에서 쓴 저작물들도 그 시대의 역사로 해석될 수 있다. 일반적으로 역사책이라고 한다면 독자가 관심을 갖고 있는 특정 시대나 어떤 사건에 대해 기록한 모든 종류의 저작물들을 가리킨다.

그러나 조금 더 좁은 의미에서 역사책을 규정할 필요가 있다. 범위를 좁혀 역사책의 개념을 정의한다면, 과거의 특정 시대나 사건들을 제시하는 서사적 설명이라고 할 수 있다. 발생했던 사건들을 기록하는 행위, 서사적 설명을 남기는 행위는 역사의 본질이 서술이라는 점을 분명히 한다. 그러므로 여기서 스토리(이야기, story)가 역사책의 기본적인 의미를 이해하는 열쇠가 된다.

이야기를 구조화하여 기록하는 행위는 필수적으로 기억과 과거의 재구성이라는 문제를 야기한다. 역사적 사실 자체는 이미 과거가 되어 지나가버렸고 그것을 기억하여 재구성한 것이 역사로 남기 때문이다. 역사적 사실은 그 자체로 포착되기 어려우므로 역사책은 서술행위를 통해 허구적인 요소가 개입할 수밖에 없다. 따라서 역사는 픽션의 지배를 받는 과거에 대한 이야기가 된다. 그렇다고 해서 역사가가 소설가처럼 꾸며낸 이야기를 펼친다는 의미는 아니다. 누군가 이야기를 전달하는 서술자가 있다는 사실은 그 자체로 관점의 문제를 야기하고, 이는 다시 과거를 재구성하여 서술하는 과정에서 필연적으로 등장하는 재현의 문제와 직결된다.

한편 역사는 특정 시간에 묶여 있기 때문에 시처럼 보편적이지는 않으나, 훌륭한 역사책은 시대를 뛰어넘는 보편성을 지닐 수 있다. 좋은 시가 시대를 초월하여 많은 사람들에게 감동을 주듯이 좋은 역사책은 어떤 사실에 대해 이야기하면서 그 사실이나 사건이 속해 있는 한 시대를 넘어 독자들이 살고 있는 현재와 앞으로 도래할 미래에 대한 전망을 제시해 주기 때문이다. 그러므로 역사책을 읽을 때에는 실제로 있었던 사실들만을 배우려 하지 말고, 모든 시대와 장소에서 오늘날 인간이 행동하는 방식을 배우려는 자세를 지녀야 할 것이다.

1 역사책을 읽을 때 유의점

역사책을 읽을 때 유의해야 할 사항들을 알아보기로 하자.

첫째, 모든 역사는 특정 주제를 갖고 있다는 사실을 기억해야 한다. 그러므로 모든 역사책은 특정한 주제를 담고 있으니 역사책을 제대로 읽으려면 그 역사책이 어떤 주제를 다루고 있는지, 그 역사책이 말하고 있는 주제가 무엇인지를 파악해야 한다. 역사책에서 말해주는 과거의 사건들에만 중점을 두고 읽을 것이 아니라 그 사건들을 아우르는 역사책의 주제를 파악해야 한다.

둘째, 역사책이 다루고 있는 특정 주제를 파악하기 위해서는 역사책이 다루고 있는 것과 그렇지 않은 것을 잘 구분해야 한다. 모든 역사는 있었던 사실을 총체적으로 재현할 수는 없다. 다시 말해 모든 역사 서술은 실제로 발생했던 모든 일을 하나도 빠짐없이 기록할 수는 없으므로 서술자 또는 작가가 취사선택하는 범위를 파악해야 한다.

셋째, 역사책의 저자가 역사 기술을 전하는 방법을 파악해야 한다. 저자인 역사가가 이야기를 전하는 방식을 알아야 한다는 것이다. 예를 들어 어떤 주제를 전달하기 위해 연대기 순으로 서술하고 있는지, 특정 주제를 소제목으로 선택하여 서술하고 있는지, 경제나 교육의 측면이나 전쟁과 종교적인 문제 등과 같은 기준으로 내용을 구분하여 전달하고 있는지를 파악해야 할 것이다. 이러한 형식적 측면을 잘 파악하면 역사가가 전하고 있는 메시지를 잘 이해할 수 있을 것이다.

넷째, 역사가가 사료를 다루는 방식에도 주의를 기울여야 한다. 역사가가 역사를 서술하는 근거가 되는 사료들을 어떻게 이해하고 어떤 방식으로 활용하고 있는지를 살피면서 역사책을 읽는

다면 비판적인 책읽기를 할 수 있을 것이다.

훌륭한 역사가는 재미있게 이야기를 전달하는 이야기꾼으로서의 재능과 엄정한 객관적 자세를 갖춘 과학자로서의 재능을 겸비해야 한다. 역사책을 읽는 독자들은 역사가가 어떤 일이 과거에 실제로 일어났다고 말하고 있는지, 그렇지 않으면 어떤 일이 발생했다고 생각하는지를 구분할 수 있어야 한다.

우리가 익히 알고 있듯 역사는 이미 일어난 일을 기술한다. 그러나 이미 일어난 일들은 얼마든지 다시 발생할 수 있으므로 과거를 안다면 현재와 미래를 변화시킬 수 있다. 그런 의미에서 과거 인간의 행동들에 대해 이야기해주는 역사가 우리를 변화시킬 수 있는 것이다. 역사는 우리의 삶을 더 나은 방향으로 이끌어가므로 역사책을 읽는 행위는 단순한 사실을 이해하는 수준을 넘어 현재와 미래에 대한 통찰력을 얻는 데까지 나아가야 할 것이다.

03

동시

동시란 어린이를 독자로 예상하고 어린이의 정서를 읊은 시를 말한다. 아동문학가 이원수는 "아동에게 즐거움을 주고 감동을 주기 위한 시"를 동시라고 하면서, 동시란 곧 동심의 시라고 주장하였다. 누구나 알고 있는 바와 같이 동시란 동요와 함께 서정시로부터 발전한 운문문학의 한 형태를 지칭한다. 동요가 어린이가 즐겨 부르는 노래의 노랫말을 의미한다면 동시는 성인이 어린이의 생각과 정서를 생각하면서 어린이가 이해하고 받아들일 수 있는 상상력과 언어로 표현한 문학이다. 그리고 일반적으로 동요는 동시의 범위에 포함되기도 한다. 이오덕의 경우, 동시를 어른이 쓰는 것으로 규정하고 어린이가 쓴 시를 어린이시로 개념 규정을 하고 있다. 박화목은 동시는 정서와 상상을 통해 하나의 의미를 탄생시킨다고 말했는데, 이 말에는 동시는 시 장르가 그러하듯 정서와 상상이 의미를 창조한다는 뜻이 담겨있다. 서사적인 장르와 달리 서정적인 장르로서 어린이의 정서를 노래한 것이 바로 동시이다.

아동문학의 장르를 크게 3가지로 구분한다면 서정문학과 서사문학, 극문학으로 나눌 수 있다. 서정문학에는 동요와 동시가 포함되는데 동요에는 전래동요와 창작동요가 속한다. 서사문학을 대표하는 장르는 동화인데, 동화는 다시 전래동화와 창작동화로 나뉘고 창작동화는 또 환상동화와 사실동화로 구분된다. 그리고 극문학을 대표하는 장르는 동극이다. 3가지 장르 이외에 아동수필과 아동문학평론, 그림책 등의 장르가 추가된다.

동시를 내용에 따라 구분하면 서정 동시와 이야기 시로 나눌 수 있다. 서정 동시는 시인의 감정이나 정서를 주관적으로 표현한 동시이다. 서정 동시는 시인의 감정 또는 생각을 구체적이면서도 감각적인 표현으로 형상화함으로써 공감을 추구한다. 동화시라고도 하는 이야기 시는 운문의 형식에 이야기를 담아낸 시이다. 즉, 시 속에 이야기가 들어있는 것인데, 내용상으로는 이야기를 들려주고 있지만 그것을 담아내는 형식은 시이다.

동시를 형태에 따라 구분하면 정형 동시와 자유 동시로 나눌 수 있다. 정형 동시는 일정한 형식과 규칙에 따라 지은 동시로 외형률을 지닌다. 자유 동시는 형식적인 제약에서 벗어나 내재율을 지니는 시이다.

1 동시를 읽을 때 유의할 점

동시를 읽을 때 알아야 할 점들을 살펴보기로 하자. 우선 동시를 읽을 때에는 중간에 쉬었다가 시간이 흐른 뒤 다시 읽지 말고 한 번에 끝까지 읽어야 한다. 동시를 읽을 때 쉬지 않고 끝까지 읽어야 하는 이유는 일관성을 발견하기 위해서이다. 즉, 동시의 분위기나 기본적인 느낌 등 동시의 저변에 깔려있는 분위기와 경험 등을 발견하기 위해서 멈추지 말고 읽어야 한다. 동시에 이해하기 어려운 단어나 표현이 있다 해도 끝까지 읽으면서 동시의 분위기를 느끼는 편이 바람직하다. 시의 본질은 한 부분에서 결정되는 것이 아니라 전체적으로 발견될 수 있는 것이므로, 동시를 읽을 때에는 쉬지 않고 끝까지 읽는 것이 좋다.

동시를 읽을 때에는 동시를 반복해서 통독하되 소리내어 읽는 것이 좋다. 희곡을 읽을 때와 마찬가지로 동시를 큰 소리로 읽으면서 단어가 주는 느낌이나 동시에 담긴 리듬 등을 직접 느껴보도록 한다. 만약 동시를 읽을 때 매끄럽게 읽지 못한다면 시를 잘 이해하지 못했을 확률이 높다. 잘못 이해한 부분은 매끄럽게 읽히지 않는 법이기 때문이다.

또한 동시를 잘 읽으려면 눈에 띄는 핵심어를 발견해야 한다. 한 편의 시에서 독자에게 다가오는 핵심어를 찾아보는데, 그 핵심어가 왜 눈에 띄는지 이유를 생각해보면 동시를 읽는 데 도움이 된다. 예를 들어 한 편의 시에서 반복되기 때문에 핵심어로 느껴지는지, 어떤 리듬 덕분에 특정 단어가 눈에 띄는지와 같이 핵심적인 시어가 표현되는 맥락을 살피면서 동시를 읽는 것이 좋다.

끝으로 동시를 읽을 때에는 작품 외적인 요소에 기대지 않는 것이 좋다. 동시를 읽는 독자들은 대체로 동시를 창작한 시인의 삶과 시가 창작된 역사적 배경과 관련하여 읽는 경우가 그리 많지 않다. 반면 일반문학의 경우 시인의 사상과 삶, 그리고 시대적 요소가 시를 읽는 데 큰 영향을 미치기도 한다. 때로는 작품 외적인 요소가 시 텍스트를 이해하는 데 장애물이 되거나 시에 담긴 의미를 풍부하게 하지 못하는 경우가 있기 때문이다. 그렇지만 동시는 작품을 쓴 시인이나 시대적 배경과 같은 작품 외적인 요소에 기대기보다는 동시 작품 자체에 주목하여 읽는 경우가 많다. 동시를 읽을 때에는 작품 외적인 요소가 작품 해석을 풍부하게도 만들지만, 오독의 가능성 또한 지니고 있다는 사실을 기억해야 할 것이다.

시를 읽을 때 참고할 수 있는 몇가지 방법!

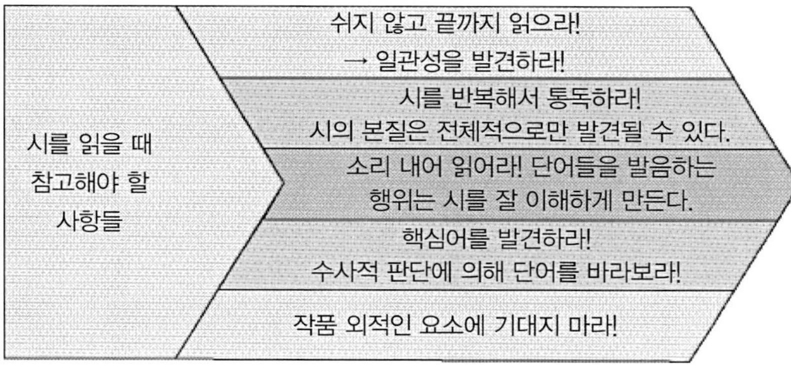

◈ 연습문제 ◈

1. 그림책의 개념을 설명하시오.

2. 그림책 읽기의 특성을 설명하시오.

3. 그림책을 형태와 내용에 따라 분류하시오.

4. 여러 가지 지식을 알려주는 그림책은 어떤 종류의 그림책인가요?

5. 그림책을 읽는 방법 중 하나를 제시하시오.

6. 역사책의 개념을 설명하시오.

7. 역사 서술과 이야기의 관계를 설명하시오.

8. 역사책 읽기의 의의를 설명하시오.

9. 역사책을 읽을 때 유의사항을 설명하시오.

10. 훌륭한 역사가가 지녀야 할 자세를 설명하시오.

11. 동시의 개념을 설명하시오.

12. 이오덕이 말한 '어린이시'란 무엇인가요?

13. 아동문학의 장르 중에서 서정문학에 속하는 것은 무엇인가요?

14. 아동문학의 장르 중에서 서사문학에 속하는 대표적인 장르는 무엇인가요?

15. 동시를 내용에 따라 구분하면 (　　)와 (　　)로 나눌 수 있다. 빈 칸에 들어갈 말을 쓰시오.

16. 동화시가 무엇인지 개념을 설명하시오.

17. 동시를 형태에 따라 구분하면 (　　)와 (　　)로 나눌 수 있다. 빈 칸에 들어갈 말을 쓰시오.

18. 정형 동시가 무엇인지 설명하시오.

19. 자유 동시가 무엇인지 설명하시오.

20. 동시를 읽을 때 유의사항을 설명하시오.

제 14 강

장르별 독서법 II

01. 동화의 개념 및 특성
02. 동화를 읽을 때 유의할 점
03. 과학책
04. 철학책

01

동화의 개념 및 특성

호이징가(Huizinga)가 인간이 지닌 욕구에서 비합리적인 요소를 강조하며 유희적 인간(호모 루덴스)으로서의 면모를 강조한 데에는 노동이 아닌 놀이가 문화나 문명의 발전에 얼마나 깊은 연관을 지니고 있는가 하는 점이 함축되어 있다. 인간이 추구하는 놀이는 그 자체로 자발적으로 이루어지는 법인데, 유희적 인간을 추동하는 놀이의 정신이나 상상력은 예술의 원동력으로 작용한다. 따라서 예술의 범주에 포함되는 문학작품을 읽는다는 것은 그 자체가 목적이 되는 행위가 되어야 한다. 즐거움을 얻기 위해, 혹은 재미있다는 이유로 '읽는 경험' 자체가 목적이 되는 것이야말로 설명적인 저서와는 다른 문학작품을 읽는 행위가 지니는 의의이다.

문학 작품은 설명적인 저서가 아니라 상상적인 저서에 속한다. 과학이나 철학, 수학의 분야에서 보듯 명백성의 논리로 서술되는 저작이 설명적인 성격의 저서라면, 문학 텍스트는 우리가 살고 있는 세계에 거리를 취하는 허구적인 저서이다. 설명적인 저서에 사용되는 언어는 분명한 의미를 명확히 전달하는 과학적 언어인 반면, 상상적인 저서에 사용된 문학적 언어는 잠재적인 모호성을 극대화하는 언어이다. 그러므로 문학적 언어는 함축성의 원리를 지닌 언어로 다양한 의미를 포괄하고 있을수록 좋다.

아동문학에서 동화는 전래동화와 창작동화로 구분된다. 전래동화는 오랜 세월에 걸쳐 사람들 사이에서 전해 내려오는 이야기로 일종의 집단창작물로 이해할 수 있다. 그리하여 전래동화에는 보편적으로 사람들이 추구하는 전형적인 욕망이 반영되어 있다. 이를 테면 사람들이라면 누구나 지니고 있는 보편적인 욕망이라 할 수 있는 두려움과 불안, 질투나 복수, 기쁨과 즐거움 등이 전래동화에 반영되어 있는 것이다.

반면 창작동화는 동화의 내용이 환상적인가, 사실적인가에 따라 환상 동화와 사실 동화로 나뉜다. 사실 동화는 현실에서 실제로 일어날 수 있는 일을 다룬 이야기를 말하며, 환상 동화는 자연의 법칙이나 현실 세계를 벗어난 일을 다룬 이야기를 의미한다.

최근 들어 아동문학의 소재와 범위가 확장되면서 사실 동화의 소재도 무척 다양해졌다. 역사적인 현장에 당당히 존재했던 어린이의 삶을 다룬 작품들이나 가난과 노동의 문제를 어린이의 관점에서 형상화한 작품들이 창작되면서 아동문학의 스펙트럼 역시 확대되고 있는 추세이다. 사실 동화는 어린이가 발 딛고 있는 현실을 바라볼 수 있는 안목을 제공하고 사회적인 문제에 대한 폭넓은 시각을 갖도록 도와줄 뿐 아니라 인간이라는 존재와 인간의 삶을 다양한 관점에서 경험하게 해 준다.

반면 환상 동화는 어린이에게 풍부한 상상력을 제공함으로써 무엇보다 큰 즐거움을 선사한다. 상상력이 발달해 있는 어린 독자들의 무한한 호기심을 확장시키는 환상 동화는 독자들의 문학적 감수성을 기르는 데 도움을 주기도 한다. 오늘날 어린이뿐 아니라 어른들까지도 판타지에 열광하는 이면에는 현실을 극복하려는 심리적 욕구와 대리 만족을 위한 보상 심리가 함께 작용하고 있다. 환상 동화를 결코 현실 세계와 유리된 이야기로 치부할 수 없는 것은 환상 동화가 우리의 현실을 제대로 보게 만드는 통찰력을 제공하기 때문이다.

02

동화를 읽을 때 유의할 점

1 문학작품을 읽을 때 독자의 자세

독자는 문학작품을 읽으며 작가가 내세우고 있는 전제나 논증을 찾으려 해서는 안 된다. 문학작품의 독서는 설명적인 저서를 읽을 때와는 다른 방법으로 이루어져야 한다. 설명적인 저서는 지식을 전달하는 것이 주요한 목적이므로 전달하는 지식이 진실한가를 물어봐야 하지만 문학작품은 개연성이 있는가에 중점을 두고 읽어야 한다. 동화와 같이 이야기 구조로 서술된 문학작품은 그럴듯

한 이야기인지 살피며 읽어야 한다.

시와 소설은 독자들에게 즐거움을 주기도 하고 가르침을 주기도 한다. 즐거움을 주는 독서는 문학이 갖는 쾌락적 기능을 수행하는 것이며, 어떤 깨달음을 주는 것은 문학의 교훈적 기능을 강조하는 것이다. 그러나 문학작품과 같은 상상적인 저작은 우리가 어떤 것을 배울 수 있는 경험을 창조함으로써 그 가르침을 전달한다. 따라서 문학작품을 읽을 때에는 현실에서 얼마든지 발생할 수 있는 이야기이고, 그 이야기들이 인과관계로 잘 연결되어 있는지를 평가할 필요가 있다.

또한 문학작품을 읽는 독자는 상상적인 저작인 문학작품을 종류에 따라 먼저 분류할 필요가 있다. 동화나 소설인지, 희곡인지 등을 알아야 문학작품을 잘 읽을 수 있기 때문이다. 다음으로 작품 전체의 일관성을 파악해야 한다. 동화 작품이 말해주고 있는 이야기의 핵심이 무엇인지 그 주제를 파악해야 하는데, 이를 위한 효과적인 방법은 작품 전체를 한두 문장으로 짧게 압축하여 표현하는 것이다. 그리고 이야기의 일관성은 플롯 속에서 발견되기 때문에 플롯이 전개되는 방식을 분석해야 한다. 뿐만 아니라 각각의 사건이나 세부적인 인물 묘사가 전체 이야기와 어떻게 연결되는가도 파악해야 한다. 동화와 소설은 한 부분이나 하나의 장이 전체로부터 떨어져 나왔을 때는 상대적으로 그 의미를 잃기 마련이므로 부분과 전체를 연관지어 분석하는 능력이 요구된다.

2 동화를 읽을 때 참고할 점

허구적인 이야기가 진행되기 위해서는 사건, 등장인물의 말과 감정, 행동들이 제시되어야 한다. 그러므로 이러한 요소들은 동화나 소설과 같은 픽션의 요소가 된다. 허구적 이야기인 동화를 읽는 독자들은 관찰자가 되어 작품의 세계에 공감해야 한다. 등장인물들을 이해하고 그들의 세계에 공감했을 때 그 작품을 제대로 읽을 수 있다. 따라서 공감적인 통찰로 등장인물들의 경험에 감정이입하고 등장인물들을 이해해야 한다. 아울러 문학작품이 지니는 예술적 가치를 이해할 수 있는 안목도 갖추어야 한다.

동화나 소설과 같은 이야기로 이루어진 문학작품을 읽을 때 독자들이 참고해야 할 사항들은 다음과 같다. 이야기 형식의 문학작품을 읽을 때에는 빨리, 완전히 몰두해서 읽어야 한다. 쉬지 않고 몰두해서 읽을 때 플롯의 일관성을 발견할 수 있기 때문이다. 원래 있었던 이야기인 스토리를 독자에게 효율적으로 전달하고자 작가가 변형하여 구성한 플롯의 특징을 파악하면 이야기가 갖는 본질을 알 수 있다. 또한 빨리, 집중해서 읽어야 작중인물들이 살고 있는 세계에 들어가기 쉽다. 그것은 달리 말하면 작중인물들이 독자의 정신과 가슴 속으로 들어오도록 하는 것이기도 하다. 작중인물들이 하는 행동의 이유를 이해하고 그들에 감정이입하기 위해서는 작중인물들과의 거리를 좁혀야 한다.

인물과 사건, 배경으로 이루어진 이야기의 형식에 익숙해지고, 이야기라는 것이 우리의 삶과 같다는 사실을 인지한다면 이야기를 잘 읽어낼 수가 있다. 우리가 매일의 일상에서 겪는 여러 가지 사건들을 모두 이해할 수 없듯이 이야기를 이루는 부분이 갖는 의미 또한 이야기를 접하며 읽어가는 순간에는 이해하기 어렵다. 시간이 흐른 뒤에야 과거의 사건이 갖는 의미와 그 사건이 자신의 생에 미친 영향을 파악할 수 있는 것처럼 이야기를 이루는 각각의 사건이 갖는 의미도 이야기가 다 끝났을 때에야 비로소 알 수 있는 법이다.

이야기를 읽을 때 참고할 수 있는 몇가지 방법!

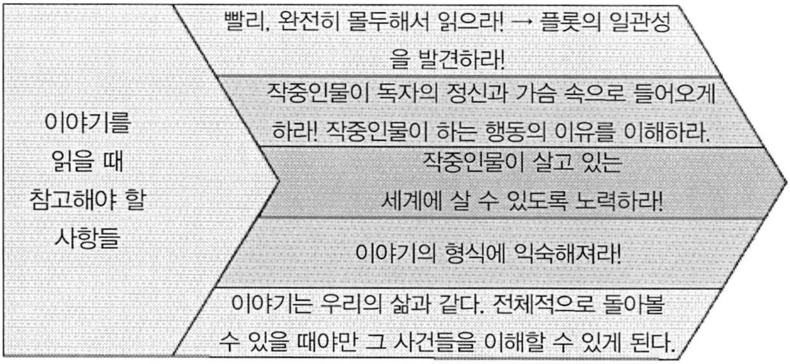

03

과학책

과학적인 주제로 이루어지는 커뮤니케이션의 과정은 상당히 전문적인 지식을 요구하기 때문에 그 분야에서 교육을 받지 못한 사람들은 읽기 어려운 경우가 많다. 과학책을 쓰는 작가는 과학 분야의 전문가들이다. 실제로 과학책은 전문가들이 또 다른 전문가들을 위해서 쓰기도 하지만, 최근에는 전문가가 아닌 일반 대중들을 상대로 한 과학책이 많이 출판되고 있다. 특히 어린이와 청소년을 대상으로 한 과학책은 지식을 얻기 위한 학습독서의 일환으로 널리 읽히고 있다.

과학책은 대개 과학 분야의 연구를 통해 얻어낸 발견물이나 결론에 대한 보고서의 성격을 지닌다. 그러므로 과학적인 문제를 서술할 때에는 가능한 한 정확하게 현상을 기술하고, 서로 다른 현상들 사이의 내적 관계를 추적하여 규명한다. 그리고 이때 주로 사용되는 과학책의 주요 용어들은 전문적인 단어로 표현된다. 과학책을 읽으며 전문적인 단어가 지시하는 의미를 파악하고 과학적 원리를 이해하는 행위는 곧 세상을 바라보고 이해하는 눈을 키우는 과정이라 할 수 있다. 따라서 과학책 읽기는 역사가와 달리 시공간의 제약을 벗어난 과학자가 현상 이면의 보이지 않는 원리를 파악하고 증명하는 과정을 추적하면서 인식의 지평을 확대하는 독서가 된다.

과학책을 읽을 때 독자들은 귀납적 논증에 초점을 두어야 한다. 과학책의 저자가 실험이나 관찰로 수집한 구체적 사례들에서 확립하고 있는 일반적인 전제나 과학적 원리가 무엇인지를 살피며 읽어야 한다. 과학 실험을 직접하기 어려운 독자들은 논증의 기초인 증명과정을 추적하면서 과학적 원리가 정립되는 과정을 이해해야 한다. 과학책의 서술 구조는 과학자가 실험을 하고 관찰을 하면서 수집한 구체적 사례들이 과학 법칙으로 정립되는 귀납적 논증을 따르는데 이러한 방식이 과학책의 특성을 규정한다.

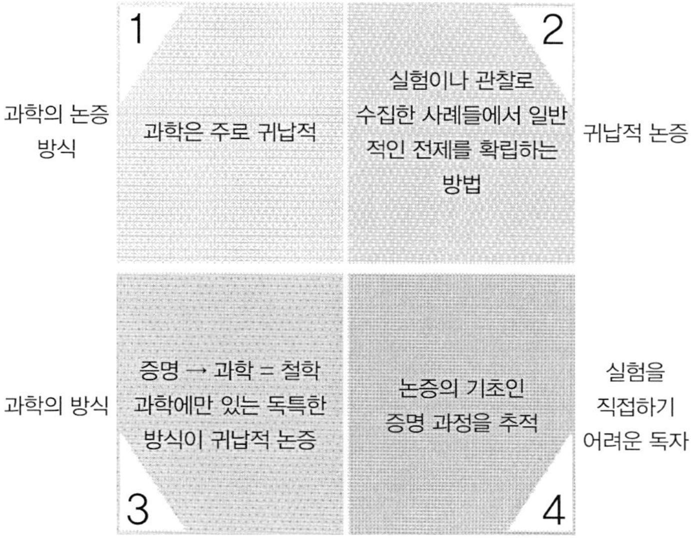

1 과학책을 읽는 방법

과학책을 읽기 위해서는 저자가 해결하려는 문제가 무엇인지 분명히 파악해야 한다. 저자가 책에서 무엇을 말하고자 하는가를 이해하고 과학책이 의도하는 기획을 파악하는 자세가 필요하다. 그리고 과학책은 논리적 독서의 3단계에 해당하는 분석적 책읽기의 규칙을 지켜서 읽어야 한다. 과학책이 말하고 있는 내용을 압축하여 말해보고, 주된 내용이 다른 부분들과 어떻게 관련되는지를 분석하면서 읽어야 한다. 과학책의 저자인 과학자들이 어떤 문제에 주목하고 그 문제를 해결하는 방식이 무엇인가를 파악하면서 책을 읽어야 한다. 그 과정에서 과학자가 문제를 해결하기 위해 사용하는 용어에 주목하여 전문적인 과학 용어가 무엇을 의미하는지 파악한 후 과학자가 보여주는 과학적 원리나 해석의 방식 등을 비판적으로 수용하면 된다.

과학책을 읽는 독자들은 과학자들이 해결하려는 문제의 배경을 이해하고 과학자들이 무엇을 해결하고자 하는가를 알아야 한다. 또한 과학의 발전사를 훑어보고, 사실과 전제, 원리와 논증 등이 상호 관련되는 방법을 추적해 보는 것이 좋다. 과학의 역사를 알고 이해하는 것은 인간 이성이 자연을 파악하는 방식을 추적하는 것이라 할 수 있으므로 과학책을 읽을 때에는 통시적인 관점에서 과학의 발전사를 파악하는 것이 도움이 된다.

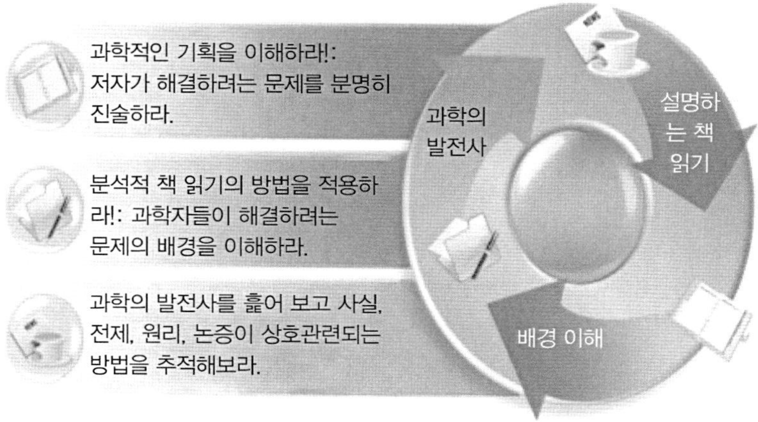

전문가들이 아닌 일반적인 대중들을 상대로 한 과학책은 실험의 과정은 간략히 전하고 주로 실험의 결과를 보고하는 경향이 많다. 실제 실험의 과정은 간략한 단계로 압축되고 복잡한 계산의 과정이 생략되는 경우가 많기 때문이다. 과학책을 읽는 독자들은 실험의 결과가 어떤 원리를 증명하고 있는지, 그 결과를 통해 과학자가 주장하는 과학적 해석이 무엇인지 파악하면서 적극적인 자세로 책을 읽어야 한다. 과학책을 읽는 독자들은 과학책의 주제를 파악하고, 전체와 부분들 사이의 관계를 알아내고, 과학책에 사용된 용어가 어떤 의미를 지니는지 개념을 파악해야 한다. 과학책에 대한 가치평가를 내리기 전에 과학책에서 설명하고 있는 논증의 과정이나 주장을 이해하도록 노력하는 자세가 필요하다.

04

철학책

1 철학과 철학자의 자세

철학은 인간과 세계에 대한 근본 원리와 삶의 본질을 고민하고 연구하는 학문이다. 아리스토텔레스가 말한 바와 같이 철학의 시작은 호기심에서 비롯된다. 호기심은 자기주도적이고 주체적인 입장에서 나오는 것이고 그것은 곧 생각하는 힘에서 발산된다. 다시 달해 호기심은 세상과 존재를 낯선 시선으로 바라보는 자세에서 생기는 것인데, 마치 어린아이가 세상 모든 것에 의문을 던지는 것처럼 위대한 철학책 역시 어린이가 묻는 질문과 같은 질문을 제기한다. 물론 여기서 말하는 질문이란 탐구해볼 가치가 있는 것이어야 한다. 이와 같은 가치를 지닌 질문이 요구하는 답을 진지하게 해결하려는 자세는 인간이라는 존재와 세계에 대한 성찰을 가능하게 하는 조건이 된다. 그래서 철학은 호기심과 그로 인한 질문에서 시작된다고도 말할 수 있다.

요슈타인 가아더는 「소피의 세계」에서 철학자들에게 필요한 자세가 "세상에 대해 놀라워하는" 것이라 말하고 있다. 요슈타인 가아더는 철학자의 자세를 세계에 길들여지지 않은 자세라고 말

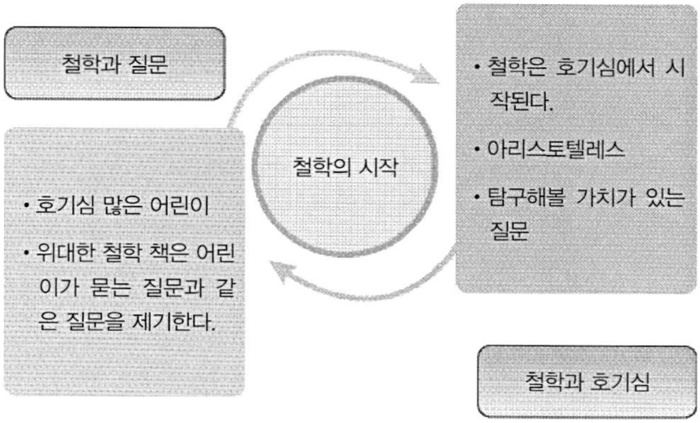

하고 있는데, 이러한 자세는 이미 언급한 어린아이가 세상을 보는 자세와 동일하다.

이것은 습관 문제다. 슬픈 사실은 우리가 자라면서 중력의 법칙에만 익숙해지는 게 아니라는 점이지. 동시에 이 세계 자체에 길들고 있는 거다.

어쩌면 우리는 유년 시절을 보내는 동안 세상에 대해 놀라워하는 능력을 잃어버렸는지도 모른다. 게다가 그로 인해 무엇인지 근본적인 것을 상실하고 말았지. 즉 철학자들이 다시 생명력을 불어넣으려는 그 무엇을 말이다. 그 무엇은 우리 마음 속 어딘가에 있으면서 우리에게 인생은 하나의 거대한 수수께끼라고 늘 속삭인다. 우리는 생각하는 법을 배우기 훨씬 전부터 이 무엇을 몸소 체험했다.

정확히 말해서 철학 문제는 모든 사람과 관련이 있지만, 모든 이가 철학자가 될 수는 없는 노릇이지. 사람들 대부분이 일상생활에 쫓겨서 **삶에 대한 경이감**을 잃어버린다. 이들은 토끼 가죽 깊숙이 기어들어가 몸을 편안히 자리 잡고는, 여생을 거기에서 지낸다.

세계와 만물은 어린 아이에겐 놀랍도록 경이롭고, 새로운 그 무엇이다. 그런데 모든 어른이 세계를 그렇게 볼 수는 없다. 대부분의 어른은 이 세계를 완전히 정상적인 것으로 체험하지.

– 요슈타인 가아더, 「소피의 세계」 –

다술사가 속이 텅 빈 모자에서 갑자기 꺼내 올린 토끼처럼, 많은 사람들에게 이 세계는 참말 이해할 수 없는 거다.

토끼에 관한 한 마술사가 우리 눈을 속였다는 것은 분명하지. 그러나 세계를 얘기하자면, 사정은 전혀 다르다. 우리는 이 세계가 거짓과 속임수가 아님을 알고 있지. 우리가 지구 위를 이리저리 내달리며, 우리 자신이 이 세계의 일부분임을 알기 때문이다. **근본적으로 우리는 마술사의 모자에서 꺼내 올린 흰 토끼인 셈이지.** 우리와 흰 토끼 사이에 차이가 있다면, 단지 흰 토끼는 자기가 마술에 출연하고 있다는 사실은 모른다는 것이지. 이 같은 토끼와 우리는 사뭇 다르다. 우리는 수수께끼 같은 그 무엇에 관여하고 있다고 믿고 있지. 그래서 모든 것들이 어떤 연관 관계를 맺고 있는지 확실히 밝혀내고 싶은 거다.

추신 : 흰 토끼에 관해선 아마도 토끼를 전체 우주와 비교하는 편이 더 좋을 것 같구나. 이 지구에 사는 우리들은 토끼 가죽 아래 깊숙한 곳에서 우글거리는 벌레들이라고나 할까! 하지만 **철학자는 가느다란 털을 붙잡고, 위대한 마법사를 직접 두 눈으로 보기 위해 마냥 위로 기어오르려고 애쓰는 사람들이란다.**

– 요슈타인 가아더, 「소피의 세계」 –

「소피의 세계」에서 인용한 이 두 예문은 막연하게 생각되는 어린아이와 같은 자세가 어떤 자세인지 상세히 설명하고 있다. 요슈타인 가아더도 이야기하고 있듯이, 철학자는 세상을 바라보는 어린아이의 눈을 간직하고, 그것이 의미하는 바를 성숙하게 이해하는 자세를 지녀야 한다. 어린아이들이 사물을 바라보고, 궁금히 여기고 끝없이 질문을 던지는 것처럼 철학자들 역시 그런 자세로 인간과 세계를 바라보고 궁금히 여기고 질문할 수 있어야 한다. 그러한 자세야말로 반복되는 일상이 주는 익숙함에서 벗어나 가장 근원적이고 본질적인 문제들을 해결할 수 있는 힘을 주기 때문이다.

요슈타인 가아더가 철학자들은 “가느다란 털을 붙잡고, 위대한 마법사를 직접 두 눈으로 보기 위해 마냥 위로 기어오르려고 애쓰는 사람들이”라고 표현한 까닭은 호기심 어린 눈으로 세상을 바라보고 그런 세상을 직접 보고야 말겠다는 의지를 실천에 옮기는 끈질긴 탐구의 자세를 가리키기 위함이다.

철학자들은 질문할 때에는 어린아이처럼 순수한 태도를 지녀야 하지만 그 질문에 대한 답을 찾을 때에는 지혜로워야 한다. 그리하여 철학자들이란 복잡성을 제거하고 단순한 특성을 꿰뚫어 볼 수 있는 혜안으로써 인간과 세상의 본질을 파악하는 사람들이다.

2 철학책의 특성

앞 장에서 살펴본 과학책이 귀납적 논증에 중점을 두는 것에 반해 철학책은 철학자가 제기하는 원칙에 중점을 둔다. 철학책에는 철학자가 세상을 바라보는 관점이나 전제로 하고 있는 입장이 담겨있기 마련이다. 철학책은 일상적인 관찰을 통해 우리가 살고 있는 세계의 본질을 알려준다. 그러나 좋은 철학책은 질문에 대한 답을 단순히 전달하는 데 중점을 두지 않고 독자 스스로 철학자의 질문에 대답하도록 이끈다.

철학책은 세상에 대한 호기심으로 인간이라는 존재의 본성과 세계의 근원적인 참모습을 끝없이 파고들기 때문에 철학책을 읽으면 존재와 세계를 보는 눈을 키울 수 있다. 철학책 읽기가 본질적인 독서인성지도와 연관되는 것도 이 때문이다. 철학책을 읽는 것은 독자 자신을 포함하여 인간에 대해 고민하고 삶에 대해 성찰하는 기회를 제공하기 때문이다. 그런 점에서 철학을 다룬 책은 세상과 삶의 원리를 이해하는 성숙한 인간을 이상적 인간형으로 삼고 있다.

3 철학책을 읽는 방법

철학책을 읽는 독자들은 철학책이 제기하는 질문을 파악할 수 있는 통찰력을 지녀야 한다. 철학책이 던지는 질문이 곧 그 책의 주제가 되기 때문이다. 철학책의 저자가 어떤 의문을 갖고 있는가가 밝혀져야 철학책을 제대로 이해할 수 있다. 독자들은 철학책이 함축하고 있거나 분명하게 제시하고 있는 질문이 무엇인지 파악하고 그 질문에 저자가 어떤 방식으로 답을 하는가를 찾으며 읽어야 한다. 철학책을 접한 독자들이 저자가 제기한 질문에 대답하는 방법을 찾을 수 있을 때 그 책이 말하고 있는 핵심을 잘 파악할 수 있다.

이때 철학책에 숨어있는 가정을 찾는 것도 중요하다. 철학책의 저자가 가정하고 있는 전제가 무엇인지 파악해야 한다. 철학자가 취하고 있는 자세와 세상을 바라보는 입장, 관점 등을 살펴보면서 철학책이 취하고 있는 전제를 찾아야 한다. 철학사를 요약하여 전달하고 있는 책의 경우에도 관점이 있기 마련이다. 어떤 기준으로 철학사를 요약하고 있는지를 분석하고 어떤 철학자들의 견해를 중심으로 전달하고 있는지를 살펴보면서 그 이면에 숨어있는 전제나 관점 등을 파악하도록 한다.

그리고 가장 중요한 것은 위대한 철학자들의 삶과 견해를 살피면서 독자 스스로 저자의 견해를 발견하도록 노력해야 한다. 철학책이 설명하고 있는 사물의 본질을 깨달아가면서 철학책의 저자가 전하는 견해를 이해하고 받아들일 필요가 있다. 다시 말해 철학책의 결론이나 결과만을 기억하려고 하지 말고, 철학자가 사용하는 용어의 의미를 파고들면서 철학책에 담긴 추상적인 사유의 과정을 독자 스스로 경험해야 한다.

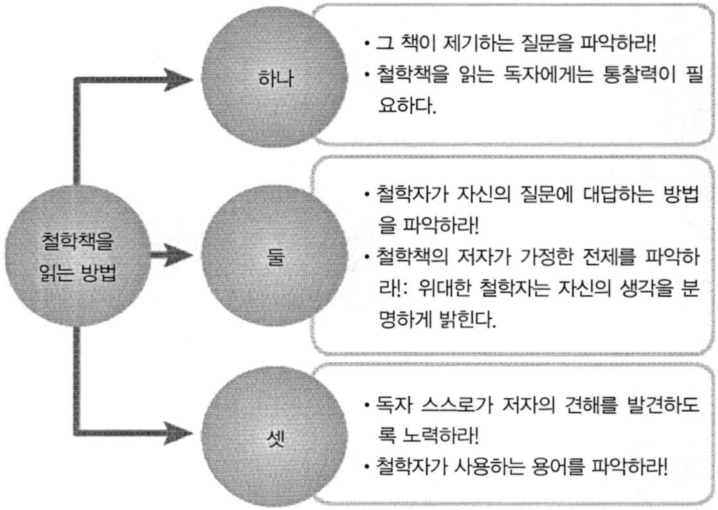
철학책을 읽는 방법
하나
• 그 책이 제기하는 질문을 파악하라!
• 철학책을 읽는 독자에게는 통찰력이 필요하다.
둘
• 철학자가 자신의 질문에 대답하는 방법을 파악하라!
• 철학책의 저자가 가정한 전제를 파악하라!: 위대한 철학자는 자신의 생각을 분명하게 밝힌다.
셋
• 독자 스스로가 저자의 견해를 발견하도록 노력하라!
• 철학자가 사용하는 용어를 파악하라!

◈ 연습문제 ◈

1. 문학적 언어의 특징을 설명하시오.

2. 전래동화의 성격을 설명하시오.

3. 창작동화는 내용이 환상적인가, 사실적인가에 따라 (　　)와 (　　)로 나뉜다. 빈 칸에 들어갈 말을 채우시오.

4. 어린이를 독자로 하여 현실에서 실제로 일어날 수 있는 일을 다룬 이야기는 무엇인가요?

5. 어린이를 독자로 하여 자연의 법칙이나 현실 세계를 벗어난 일을 다룬 이야기는 무엇인가요?

6. 사실 동화가 지니는 문학적 의의를 설명하시오.

7. 환상 동화가 지니는 문학적 의의를 설명하시오.

8. 이야기가 우리의 삶과 같다는 사실은 무엇을 의미하는지 쓰시오.

9. 이야기를 읽을 때에는 빨리, 몰두해서 읽으면서 (　　)의 일관성을 발견해야 한다. 빈 칸에 들어갈 말을 채우시오.

10. 과학책을 읽는 방법을 설명하시오.

11. 과학책은 주로 (　　) 논증방식을 취한다. 빈 칸에 들어갈 말을 채우시오.

12. 과학책이 귀납적 논증으로 구성된다는 것이 의미하는 바를 구체적으로 설명하시오.

13. 과학책을 읽을 때 과학의 발전사를 훑어보는 것이 도움이 되는 이유는 무엇인가요?

14. 과학책을 읽을 때 적용해야 할 논리적 독서법의 단계가 무엇인지 쓰시오.

15. 분석적 책읽기의 방식으로 과학책을 읽으려면 어떻게 읽어야 하는지 설명하시오.

16. 철학에서 호기심이 필요한 이유는 무엇인가요?

17. 철학자와 어린이의 공통점을 설명하시오.

18. 철학책 읽기가 본질적으로 독서인성지도와 관련되는 이유는 무엇인가요?

19. 철학책을 읽는 방법을 설명하시오.

20. 요슈타인 가아더가 「소피의 세계」에서 철학자들을 "가느다란 털을 붙잡고, 위대한 마법사를 직접 두 눈으로 보기 위해 마냥 위로 기어오르려고 애쓰는 사람들"이라고 표현한 까닭은 무엇인가요?

21. 아리스토텔레스는 철학은 (　　)에서 시작한다고 말했다. 빈 칸에 들어갈 말을 채우시오.

22. 철학책을 읽을 때 철학자가 사용하는 용어를 파악할 필요가 없다. 맞으면 O, 틀리면 X를 하시오.

23. 철학책을 읽는 독자는 스스로 철학책의 저자가 피력하는 견해를 발견하도록 노력해야 한다. 맞으면 O, 틀리면 X를 하시오.

제 15 강

비평적 독서의 이해

01. 비평적 독서법의 개념

02. 비평적 독서의 이해

03. 비평별 독서지도의 이해

01

비평적 독서법의 개념

삶에 대한 견해가 구구하듯 텍스트에 대한 견해도 다양하다. 또한 시대에 따라 삶을 해석하는 방식이 다르듯 글을 쓰는 방식과 읽는 방식도 달라진다. 결국 어떻게 읽을 것인가 하는 문제는 한 시대 삶을 해석하는 시각이자 세상을 향해 던지는 다양한 물음이다. 다양한 비평방법론을 통해 텍스트를 해석하는 텍스트 비평으로서의 독서 행위는 텍스트 속에 숨겨진 의미를 새롭게 발굴해서 비판적/창의적인 독서를 통해 사고력을 함양해주는 고차적인 독서 방법이다. 텍스트를 있는 그대로 이해하고 해석하는 것이 아니라, 문제의식을 가지고 따져 읽는 의식이 비평정신의 토대다. 이러한 비평적 읽기 정신을 읽기와 쓰기에 그대로 원용한다면, 읽기/쓰기의 교육적 시너지 효과는 단순한 읽기/쓰기의 수준을 넘어 선다. 영미권에서는 세 단어를 마치 한 단어(reading-and-writing)인 것처럼 말하는 것이 일반적인 추세이다.

02

비평적 독서의 이해

1 비평이론을 알면 좋은 점들

비평이론은 하나의 안경이라고 생각할 수 있다. 세계를 전체적으로 조망하려면 다양한 관점의 확보가 중요하다. 다양한 비평이론에 대한 체계적인 이해는 세상을 바라보는 다양한 관점의 안경을 갖는 것과 같다. 사실 우리의 눈도 세상을 바라보는 하나의 관점이라고 한다면 이 세상에 비평이론에 근거하지 않은 텍스트 해석은 없다. 그런데 다양한 각도에서 여러 종류의 사물을 들여다 볼 수 있는 안경으로서의 이론을 갖추고 있다면 텍스트를 이해하고 즐기고 평가하는 능력도 향상될 것이다. 따라서 여러 비평이론들을 꾸준히 공부하는 것은 매우 중요하다. 세계를 전체적으로 조망하려면 다양한 관점의 확보가 중요하기 때문이다.

비평이론에 대한 체계적인 이해는 세계를 바라보는 모든 방법에 내재된 가치와 한계를 동시에 깨닫는 능력을 가져다준다. 비평이론은 책을 읽을 때 일종의 교통 지도 같은 것으로 렌즈를 바꾸면 보는 이와 보는 관점 모두 바뀌게 된다. 이런 비평 원리가 지식을 해방적인 것으로, 한편으로는 더없이 즐거운 것으로 변모시킨다. 훌륭한 독자는 끊임없이 새로운 렌즈를 통해 그동안 보지 못한 것을 보려고 도전하는 독자이다.

2 비평적 독서의 두 유형

안경으로서의 이론을 갖추고 있다면 텍스트를 이해하고 즐기고 평가하는 능력도 향상될 것이다. 비평적 독서는 텍스트에 대한 이해, 분석, 평가를 포함하는 데 여기에는 두 가지 유형이 있다. 텍스트의 결을 따라 텍스트가 유도하는 대로 해석하는 것이 하나이고, 다른 하나는 텍스트의 결을 거슬러서 텍스트 내부의 요소들을 분석해 가며 읽는 것이다.

비평적 독서는 비평이론을 활용한 다층적인 읽기 전략이다. 다양한 비평방법론에 대한 체계적인 이론 공부가 전제 되어야 한다. 비평적 독서법은 텍스트에 대한 안목을 넓혀주고 세상을 보는 안목을 확대해준다.

03

비평별 독서지도의 이해

1 형식주의 비평

형식주의(신비평) 비평은 1940년대부터 60년대까지 대표적인 텍스트 읽기 방법론으로 철저한 작품 분석을 토대로 한 작품 해석을 중시하는 비평이론이다. 꼼꼼히(자세히)읽기 훈련은 지난 수십 년 간 학교 교육에서 읽기의 한 지침이 되어 온 표준체계로서 형식주의적 독서의 대표적인 전략 중 하나이다.

형식주의 비평에서 하나의 텍스트는 시간을 초월하여 존재하는 자율적인 언어적 대상으로 독자들의 읽기 행위는 달라질 수 있어도, 텍스트는 동일하게 남는다. 형식주의 비평가들에 따르면 텍스트의 의미는 객관적으로 실재하는 것으로 특수한 질서에 따라 배치된 특수한 낱말들로 이루어지며 이런 특별한 관계를 통해 결코 재생불가능한 의미를 만들어내는 것으로 보았다.

형식주의 비평에서 주요 개념들을 살펴보면 다음과 같다.

가. 역설 : 자기모순적인 내용처럼 보이지만 그럼에도 사물이 존재하는 실제 방식을 나타내는 진술

나. 아이러니 : 어떤 사건이나 진술이 그것이 발생한 맥락 속에서 오히려 존재 근거를 상실하게 되는 경우

다. 애매성 : 하나의 낱말이나 이미지 또는 사건이 둘 이상의 상이한 의미를 발생시키는 경우

다. 긴장(tension) : 반대되는 것을 한데 엮는 데서 생성되는 것으로 대립되는 성향들 사이의 상호작용으로 만들어지는 것

마. 꼼꼼히 읽기 : 텍스트의 구성요소들과 주제 사이의 복잡한 관계를 면밀히 검증하는 독법으로 텍스트의 유기적 통일성이 어떻게 구축되는지를 살피고자 사용하는 방법이다.

바. 비유적 언어 : 글자 그대로의 의미와 다른 의미 또는 그 이상의 여러 의미를 갖는 언어

2 독자반응 비평

1930년대 무렵부터 읽기 과정에 주목하기 시작하여 1940~50년대를 거처 비평적 독서법을 장악하고 있던 형식주의(신비평)에 대한 반작용으로 등장한 비평이론이다. 같은 텍스트라도 독자들에 따라 상이한 독법이 나올 수 있다는 점, 같은 독자가 같은 텍스트를 두 번 읽는 경우조차 서로 다른 의미가 발생할 가능성이 높다는 전제에서 출발한다.

독자반응비평에는 다양한 비평이론들이 존재하는데 이 이론들의 공통점은 바로 텍스트 그 자체를 중시했던 형식주의 비평처럼 이 이론 역시 독자를 가장 중요시한다는 점이다. 대표적인 독자반응비평에 속하는 비평이론들을 소개하면 다음과 같다.

가. 상호거래적 독자반응이론 : 텍스트와 독자 사이의 거래를 분석하는 방법론으로 확정적 의미와 불확정적 의미가 무엇인지를 밝히고자 한다.

나. 영향문체론 : 스탠리 피시가 대표적인 이론가인데, 그는 텍스트의 구조는 시시각각 발생하는 독자 반응의 구조와 동일하다는 전제하에 텍스트가 독자의 반응을 어떻게 구조화하는지를 분석하였다.

다. 사회적 독자반응 : 우리가 문학에 대한 개별적인 반응이라고 생각하는 것들은 사실 우리가 속한 해석 공동체의 산물이라고 보는 이론이다.

3 정신분석 비평

정신분석학의 창시자인 지그문트 프로이트가 확립한 정신분석학 원리들을 기본 바탕으로 삼는 비평이론으로 정신분석학이 인간 행동을 더 잘 이해하는 데 보탬이 된다면, 텍스트 이해에도 도움이 될 것이라고 가정한다. 인간 존재는 무의식, 곧 자신이 알지 못하는 욕망, 두려움, 욕구, 갈등 등에 자극받으며, 그에 따라 행동하도록 내몰린다고 보아 인간의 무의식을 탐구하듯이 텍스트의 무의식을 분석하고자 시도한다. 주요 용어 및 개념들을 살펴보면 다음과 같다.

가. 무의식 : 무의식은 상처, 두려움, 죄의식이 따르는 욕망, 해소되지 않는 갈등 등 우리가 스스로 알고 싶지 않은 고통스러운 경험

과 감정들이 보관되는 창고를 의미한다. 무의식은 억압을 통해 아주 어릴적에 생겨나는데, 억압은 불행한 정신적 사건들을 의식에서 몰아내는 역할을 한다.

나. 방어 : 무의식의 내용물을 그 안에 저장하고 유지시키는 과정을 의미한다. 억압된 것을 억압된 채로 유지시킴으로써 우리가 알면 감당하기 힘든 것들을 우리가 알지 못하도록 만드는 과정이다.

다. 주요 방어 기제들 : 선택적 지각(감당할 수 있을 법한 것만 보고 듣게 하는 것), 선택적 기억(기억에 압도되지 않도록 기억을 수정하거나 고통스러운 사건들을 완전히 망각하게 하는 것), 부인(문제가 사라졌거나 불쾌한 일이 아예 일어나지 않았다고 믿게끔 하는 것), 회피(어떤 무의식적인 경험 또는 감정을 일깨움으로써 불안감을 가져올 법한 인물 또는 상황과 떨어져 있도록 하는 기제), 전치(두려움, 상처, 절망, 분노 등의 원인이 되었던 사람보다는 덜 위협적인 인물이나 대상에게 그런 감정을 풀어버리도록 하는 것), 투사(나에게 두려움, 문젯거리, 죄의식이 따르는 욕망 등이 있다는 사실을 부인하고자 그런 것들이 생겨난 원인을 다른 사람 탓으로 돌리고 그 사람을 비난하도록 만드는 것), 퇴행(일시적으로 이전의 심리 상태로 귀환하는 것), 친밀감에 대한 두려움(타인과 어느 정도 감정의 거리를 항상 유지해야만 정서적으로 안전해질 수 있다는 고질적이고 지독한 감정), 오이디푸스 콤플렉스(성인이 되어서도 벗어나지 못한 이성 부모와의 파행적 유대) 등이 있다.

4 여성주의 비평

전통적 성 역할에 따르면 남성은 합리적이고 강인하며 무언가를 보호하고 결정하는 존재지만, 여성은 감정적이고 연약하며 보호가 필요한 순종적 존재로 본다. 가부장제는 여성이 남성보다 선천적으로 열등하다는 믿음을 조장하고 있는 것이다. 여성주의비평은 이같은 성차별을 문제시하는 비평방법이다.

여성주의는 생물학적 구성물로서 남성과 여성을 가리키는 성(sex)와, 문화적 길들임의 산물로서 남성적인 것과 여성적인 것을 가리키는 젠더(gender)를 구별한다. 전자를 생물학적 본질주의라고 하고 후자를 사회적 구성주의라고 부른다. 여성주의자들은 후자의 관점에서 여성은 여성으로 태어나는 것이 아니고 가부장제 사회에서 오래도록 여성의 몫이었던 열등한 위치와 역할 등에 의해 사회적으로 만들어진 것이라는 관점을 취한다.

여성주의 비평의 몇 가지 전제들을 살펴보면 다음과 같다.

가. 여성은 가부장제에 의해 경제적으로, 정치적으로, 사회적으로 억압받아 왔다.

나. 가부장제가 지배하는 어느 영역에서나 여성은 타자다. 여성은 남성적 규범 및 가치와의 차이를 통해서만 규정된다.

다. 모든 서구 문명에는 가부장제 이데올로기가 깊숙이 자리잡고 있다.

라. 생물학이 성을 결정한다면, 문화는 젠더를 결정한다. 남성성과 여성성은 모두 학습된 것이다.

마. 여성주의 이론과 비평을 포함한 모든 여성주의적 활동은 여성 평등을 진작시킴으로써 세상을 바꾸는 것을 목표로 한다.

바. 젠더 문제는 그것에 대한 의식적 자각 여부와 상관없이 모든 인간이 생산하고 경험한 모든 것에 관여한다.

이같은 전제로부터 출발한 여성주의 이론은 가부장적 현실을 넘어서기 위한 다양한 해결책을 제시해 왔다. 여성주의 비평은 다른 비평 이론들의 개념들을 자유롭게 빌려와 급변하는 요구들에 신속히 적용시키는 행동주의적인 이론이다.

5 신역사주의와 문화비평

신역사주의와 문화비평은 이론적 토대를 상당부분 공유한다. 신역사주의는 "그 사건이 어떻게 해석되어 왔는가"와 "그런 해석이 해석자에 관해 말해 주는 것은 무엇인가"를 묻는다. 모든 사건은 사건을 낳은 문화에 의해 형성되는 동시에 그 문화를 형성한다.

그렇다면 신역사주의와 문화비평은 어떤 지점에서 만나는가?

가. 신역사주의와 문화비평의 공통점 : 첫째, 인간의 역사와 문화를 일종의 종합 경기장으로 이해하며, 인간은 오직 부분적 주관적으로만 파악할 수 있다고 본다. 둘째, 개별적인 인간 정체성은 문화적 환경과의 대등한 교환관계 속에서 발달한다고 본다. 셋째, 두 이론 모두 학제적 이론이다. 넷째, 둘 다 미셸 푸코의 작업에 크게 의지하고 있다. 이와 같은 공통점을 지니고 있기 때문에 두 이론은 종종 쉽게 구별되지 않는다.

나. 신역사주의와 문화비평의 차이점 : 첫째, 문화비평은 공공연히 정치적 지향을 드러내는 편이며 억압받는 집단을 지지한다. 둘째, 문화비평은 마르크스주의와 여성주의를 비롯한 정치성이 강한 이론들을 활용하여 분석 작업을 수행하는 경우가 많다. 셋째, 좁은 의미의 문화비평은 대중문화에 특별한 관심을 갖는다. 이러한 차이점에도 불구하고 두 이론은 권력비판과 약자보호라는 입장을 공유한다.

두 비평이론에서 자주 사용되는 핵심 용어는 담론(discourse)이다. 이 말은 특정한 시공간에서 특정한 문화적 조건에 따라 형성되는 사회적 언어로서, 인간 경험에 대한 특정한 이해방식을 표현한 언술이다.

◈ 연습문제 ◈

1. 비평적 독서법의 개념을 설명하시오.

2. 비평적 독서의 특징을 약술하시오.

3. 비평이론을 알면 좋은 점 두 가지를 쓰시오.

4. 비평적 독서의 두 가지 유형을 설명하시오.

5. 정신분석비평이론이 텍스트에 던지는 대표적인 질문은 무엇인가?

6. 여성주의비평이론이 텍스트에 던지는 대표적인 질문은 무엇인가?

7. 형식주의비평이론이 텍스트에 던지는 대표적인 질문은 무엇인가?

8. 독자반응비평이론이 텍스트에 던지는 대표적인 질문은 무엇인가?

9. 구조주의비평이론이 텍스트에 던지는 대표적인 질문은 무엇인가?

10. 해체주의비평이론이 텍스트에 던지는 대표적인 질문은 무엇인가?

11. 신역사주의비평이론이 텍스트에 던지는 대표적인 질문은 무엇인가?

12. 문화비평이론이 텍스트에 던지는 대표적인 질문은 무엇인가?

13. 퀴어비평이론이 텍스트에 던지는 대표적인 질문은 무엇인가?

14. 마르크스주의비평이론이 텍스트에 던지는 대표적인 질문은 무엇인가?

15. 탈식민주의비평이론이 텍스트에 던지는 대표적인 질문은 무엇인가?

16. 형식주의 비평에서 말하는 문학성이란 무엇인가?

17. 낯설게 하기란 무엇인가?

18. 역설은 무엇인가?

19. 아이러니에 대해 설명하시오.

20. 형식주의 비평에서 애매성이란 무엇인가?

21. 형식주의 비평에서 긴장(tension)은 무엇인가?

22. 꼼꼼히 읽기에 대해 설명하시오.

23. 비유적 언어란 무엇인가?

24. 독자반응 비평이론 중에서 텍스트와 독자 사이의 거래를 분석하는 방법론으로 텍스트의 확정적 의미와 불확정적 의미를 밝히고자 하는 이론은 무엇인가?

25. 영향문체론에 대해 설명하시오.

26. 사회적 독자반응 이론에 대해 설명하시오.

27. 정신분석비평에서 무의식이란 무엇인가?

28. 정신분석비평에서 방어란 무엇인가?

29. 정신분석비평에서 주요 방어 기제들 두 가지만 쓰시오.

30. 정신분석비평에서 전치란 무엇인가?

31. 정신분석비평에서 퇴행이란 무엇인가?

32. 정신분석비평에서 오이디푸스 콤플렉스란 무엇인가?

33. 성을 바라보는 생물학적 본질주의와 사회적 구성주의의 관점을 각각 비교해서 설명하시오.

34. 신역사주의와 문화비평의 공통점을 쓰시오.

35. 신역사주의와 문화비평의 차이점을 쓰시오.

36. 담론이란 무엇인가?

정답 및 해설

◈ 정답 및 해설 ◈

1~2강

1. 독서지도란 학습자로 하여금 독서교육을 통해 자연스럽게 독서의 즐거움을 깨닫게 하고 독서가 생활화될 수 있도록 도와주는 것을 의미한다. 따라서 독서지도에는 독서에 대한 동기 유발, 함께 책읽기, 책 선정 소개 평가, 독서 후 대화 및 토론, 독서의 즐거움 깨우치기 등의 활동이 수반된다.

2. 첫째, 독서지도사 자신이 독서의 즐거움에 빠져 독서를 많이 하는 것이 필요하고 책의 완성도를 평가할 수 있는 능력을 기르도록 노력하는 것이 요구되는데, 대부분의 독서지도사 양성과정이나 자격 시험에서는 이런 자질과 능력을 검증할 수 없다. 둘째, 독서지도를 잘하기 위해서는 깊은 학문적 연구보다는 독서과정을 즐길 줄 알고 독자를 깊이 이해하고 포용할 수 있는 마음가짐이 전제되어야 하지만, 이런 눈에 보이지 않는 부분까지 독서지도사 교육과정에서 다루기 힘들다는 문제가 있다.

3. 피아제는 감정영역의 발달이 이루어져야 독서에 대한 동기부여가 이루어진다고 본 반면, 바이갓스키는 인접 영역이라는 개념을 설명하면서 지적으로 많이 노출될수록 더 많은 동기부여가 이루어진다고 보았다. 두 관점을 각각 독서지도에 적용해 본다면, 피아제식 독서지도는 감성 발달에 걸맞은 독서 지도를 통해 학생의 발달 단계에 맞게끔 독서를 유도하는 것인 반면, 바이갓

스키는 학생의 현재 이해 수준보다 높은 지적 환경에 많이 노출시키는 식의 독서 지도를 권장할 것이다.

4. 교사와 학생이 함께 책을 읽는다는 것은 책읽기를 통해서 어떤 지식이나 정보를 얻었는지를 확인하기 위한 활동이 아니라, 독서를 통해 학습자가 어떤 영향을 받았으며 그것을 통해 어떠한 지식과 정보를 이끌어내고 그것을 어떻게 해석하고 있는지를 확인하고 도와주는 활동이면서 동시에 교사 자신이 스스로 어떻게 학생을 이끌 것인가를 스스로 터득해 나가는 과정이다.

5. 지식의 객관주의란 지식이 변하지 않고 객관적인 의미를 지닌 독립된 객체로 인식하는 관점이며, 지식의 구성주의란 지식을 학습자에 의해 새롭게 구성되는 것으로 보는 관점이다.

6. 각각의 매체에 맞는 문식성을 익히는 것을 의미한다. 맥루한에 따르면 미디어(매체)가 곧 메시지인 시대에 책을 읽듯이 영화를 보거나 강연을 듣는 것은 올바른 독서법이라 할 수 없다. 다시 말해서 다매체 시대에 독서지도는 비단 책이라는 텍스트에만 한정되지 않으며, 각 매체 특성에 맞는 독해 능력을 키워주는 것을 포함해야 한다.

7. 독서인성지도란 오늘날 요구되는 독서교육의 새로운 지향점으로, 한 마디로 정의하면 독서를 통해 인성과 가치관을 함양시키는 인간 교육을 의미한다. 따라서 독서인성지도사란 오늘날 변화된 환경에서 요구되는 스스로 생각하고 응용하고 정보를 조직할 수 있는 사람, 나아가 그것을 바탕으로 자신의 세계를 끊임없

이 넓혀나갈 수 있는 자주적이고 창조적인 사람을 키우는 교육자이다.

3강

1. 독서는 문자의 발생과 함께 시작되었고, 문자의 발명은 지식을 보존하려는 것, 다시 말해서 다른 사람에 의해 읽혀져야 할 필요성과 뗄레야 뗄 수 없는 관계에 놓여있다. 이렇듯 문자 발명과 독서는 서로 밀접한 관련성을 지닌다고 할 수 있다.

2. 조선시대 성리학자들은 격물치지의 수단이자 인격 수양의 방편으로 독서를 이해하였다.

3. 근대 이전에 독서란 감각적인 즐거움이나 사사로운 이익을 목적으로 해서는 안되는 인격수양의 도구였다. 반면 그대 이후의 독서는 쾌락을 위한 독서, 취미로서의 독서, 특정 학습이나 교양을 닦기 위한 독서 등 그 목적이 다양해졌다. 특히 전근대 시대에 금기시했던 즐거움과 사사로운 이익만을 전적으로 추구하는 독서의 탄생은 근대와 전근대를 나누는 가장 큰 독서관의 차이라고 할 수 있다.

4. 독서의 방법에서도 전근대의 독서가 전적으로 한 권의 책을 거의 외우다시피하는 정독과 소리내서 읽는 음독을 전제로 한 것이라면, 근대 이후의 독서는 맥루한의 테제가 말해주듯이 활판인쇄술이 단어를 소리와 분리시킴으로써 전적으로 인간의 시각에만 의존하는 새로운 독서의 방법을 일반화시킨다.

이러한 묵독이 급속히 확산될 수 있었던 것은 학교 교육 때문이었다. 주요 경전을 중심으로 정해진 텍스트를 하나씩 읽었던 전통적 교육과정 대신 동등한 여러 교과목을 동시에 학습해야 하는 서구적 분과학문과 교과과정이 도입됨에 따라 독서방식도 한 권의 텍스트를 집중적으로 외우다시피 반복하여 읽는 것에서 여러 권의 교과서와 더 많은 참고서를 함께 읽는 것으로 바뀌게 되었는데, 이 경우 음독보다 묵독이 훨씬 효율적인 것이었다.

5. 전근대의 독서는 소수 특권층만이 누릴 수 있는 것이었던 데 반해, 근대 이후의 독서는 대량 인쇄술을 바탕으로 독서의 대중화를 가져왔다. 한편 근대 이후 인쇄문화의 확산은 지식의 보존력을 향상시킴으로써 획기적인 지식과 학문의 발전을 가능케 하였고, 자신이 쓴 책의 판매수입으로 살아가는 지식인과 다양한 인쇄물을 통해 훈련된 근대적 독자의 탄생을 초래하여 근대적인 공공여론 및 민주주의 정치에 밑거름이 되기도 하였다.

그러나 다른 한편으로는 전문화되고 파편화된 지식과 대량 생산되는 규격화된 지식은 근대인의 획일화된 사고와 행위패턴을 강제함으로써 오히려 중앙집권적인 지배 권력의 성장에도 기여했다는 평가도 존재하는 만큼 양가적인 의미를 지닌다.

6. 근대적 학교교육을 통해 사람들은 묵독규율을 몸에 익혔고 더욱 빠른 시간 안에 지식과 정보를 습득하는 독서법을 추구하였다. 속도와 효율성을 중시하는 근대적 독서장치들은 인터넷 시대를 맞아 더욱 빨리 더 많은 정보를 받아들이기를 추구하였다. 이제 포스트모던 시대의 독서는 지식과 사상을 내 것으로 만들기보다

필요한 정보를 검색하는 데 가까워지게 되었다. 정보란 매우 가치중립적으로 들리는 말이지만 우리가 필요한 정보를 검색 활용한다고 했을 때 이 정보들은 이미 구성되어 있는 인식체계의 한 부분이다. 우리에게 제공되는 정보 자체가 이미 특정한 방식에 의해 검열된 것일 때 더 많은 정보를 접할수록 기존의 인식틀에서 벗어날 수 없다는 점에서 그 어느 때보다도 비판적 독서가 필요한 시대이다.

4강

1. 타자에 대한 상상력을 기르기 위해서. 타자를 이해하고 타자를 긍정하면서 성숙한 인간이 되기 위해서.

2. 지식을 습득하여 계몽된 주체로 거듭나도록 한다.

3. 지식을 재구성할 수 있는 창의성과 상상력을 길러준다. 자신의 내면을 변화시켜 성숙한 인간으로 성장하도록 이끈다.

4. 주세페 아르침볼도의 〈사서〉나 카를 슈피츠베크의 〈책벌레〉, 프랑수아 부셰의 〈퐁파두르 후작 부인〉, 안톤 에베르트의 〈잠들 때 읽어주는 동화〉 등을 예로 들어 독서의 의미를 설명하면 된다. 교재에는 없으나 그밖에 책을 읽는 모습을 담은 회화를 예로 들어 독서가 갖는 다양한 의미를 타당성 있게 설명할 수 있다.

5. 자신이 읽어온 책이 가치관이나 세계관 형성에 영향을 미치게 되어 스스로의 세계를 만드는 데 영향을 끼칠 수밖에 없다는 것

을 의미한다.

6. 인문학적 관점에서 독서는 타자의 아픔을 공감하고 이해하는 데 있다. 타인의 아픔을 이해하고 인간다운 삶을 누리기 위해 독서는 성숙한 인간을 이끄는 것이어야 한다.

5강

1. 초등적인 독서법, 훑어읽는 독서법, 분석적 독서법, 신토피칼 독서법의 네 가지 독서의 단계가 있다. 각 단계는 낮은 단계에서 높은 단계로 나열된 것이며 앞의 단계를 터득한 후에야 다음 단계로 넘어갈 수 있는 단계성을 갖는다.

2. 초등적인 독서법은 문맹에서 기초적인 읽고 쓸 수 있는 단계로 나아가는 것을 목표로 하는 독서법이다. 보통 유치원이나 초등학교에서 습득된다. 문자해독능력을 갖추는 단계의 독서법이다.

3. 체계적인 대충읽기(또는 미리읽기)와 훑어가듯 통독하기가 그것이다.

4. 훑어읽는 독서의 두 유형은 동전의 양면처럼 한 기술의 두 측면이다.

5. 분석적 독서법에는 총 세 단계의 규칙들이 있다. 1단계는 이해의 규칙들이며, 2단계는 해석의 규칙들, 3단계는 비평의 규칙들이다.

6. 신토피칼 독서란 하나의 문제나 주제에 대해 공부하거나 탐구하기 위해 그와 관련된 여러 권의 책을 읽는 독서법이다.

7. 신토피칼 독서는 관련된 부분을 찾는 1단계, 저자들끼리 타협하게끔 하는 2단계, 질문을 명확히 하는 3단계, 논점을 정하는 4단계, 논의를 분석하는 5단계로 이루어진다.

8. 첫째는 하나의 생각이 여러 가지 용어나 개념들로 표현될 수 있다는 점을 고려해야 한다는 점과, 둘째는 저자의 개별성과 독특성은 반드시 존중되어야 한다는 점이다.

6강

1. 독서에는 생활의 도구로 쓰이는 기능, 사고와 학습의 도구로 쓰이는 기능, 언어 예술 문학의 기능 등 세 가지 기능이 있다.

2. 독서는 인간의 사고력을 신장시키고 가치관 형성에 가장 큰 영향을 줄 뿐만 아니라, 진실된 삶의 의미와 인간 정서를 순화시켜 주는 등 인간 성장에 필수적인 역할을 하므로, 유년 시기부터 연령과 지적 발달에 알맞게 독서 안내와 독서에 대한 흥미를 유발시키고, 책 읽는 방법을 올바르게 가르쳐서 독서의 효과를 높여 주는 기초 독서 교육과 기능 독서 교육이 필요하다.

3. 생활과 통합의 원리란 독서를 개인의 생활과 유리시키지 않고 다른 모든 활동과 결부시켜서 그의 인격적 적응의 영위에 통합시켜 이루어지게끔 교육시킨다는 원리이다.

4. 독서지도에는 개별지도와 집단지도의 두 가지 유형이 있다. 개별지도란 개개인의 흥미, 개성, 능력에 따라 학생과 교사간의 인간관계의 교제를 통하여 지도를 펼쳐 나가는 지도 계획이며, 집단지도는 몇 사람으로 편성된 집단을 단위로 하여 펼쳐 나가는 지도 계획이다.

5. 캐나다의 언어 및 독서 교육은 다른 지식이나 과목과 융합된 교육을 지향하는 반면, 독일의 경우 독서교육은 그 자체로서 의미를 가진다기보다는 다른 모든 학습의 도구 교과로 간주된다는 점에서 서로 다른 성격을 지닌다.

6. 시대적인 측면에서, 오늘날 각종 매스컴이나 시청각 문화, 물질문화 등의 발달은 다양한 오락과 유흥에 대한 접근을 손쉽게 만듦으로써 사람들로 하여금 격조 높은 사고를 싫어하고 향락적이고 즉흥적인 문화가 대세를 이루게끔 하여 독서로부터 사람들을 더욱 멀리하게 하는 시대적인 요인으로 작용하고 있다.

7. 영국은 1992년부터 버밍햄 도서관과 보건국, 그리고 대학 당국의 주도로 전국민 독서진흥 운동이 다각적으로 전개되고 있다. 가령 생후 8개월 정도 된 아이를 보건센터로 데려오면 거기서 건강검진도 해주면서 부모들에게 아이에게 읽힐 책을 몇 권씩 권해 주는 식으로 아주 어릴 때부터 체계적인 독서교육이 이루어지도록 제도적으로 뒷받침하고 있다. 또한 부모들에게 차후의 독서교육에 대한 조언같은 것도 해주면서 유아 때부터 가정에서 자연스럽게 독서교육이 이루어지도록 한다.

7강

1. 광의의 개념에서 아동문학은 아동을 상대로 쓴 모든 문학작품을 말한다. 작가는 성인 작가에서 아동 작가까지 포함하며, 독자층도 유아와 아동은 물론 청소년과 성인까지 포함한다.

2. 아동문학은 성인 작가, 즉 아동문학가가 아동을 대상으로 창작한 모든 문학작품을 일컫는다. 여기서 작가는 성인 아동문학가에 한정된다. 독자층은 아동을 비롯하여 동심을 가진 어른들까지 포함된다.

3. 아동문학은 동심을 표현한 문학을 말한다. 따라서 동심은 아동문학을 규정하는 중요한 요소이다. 어린이나 동심을 지닌 어른이 아동문학의 독자에 포함된다는 사실에서 동심이 차지하는 중요한 위상을 짐작할 수 있다. 동심이란 '아동/어린이'라는 주체의 내면을 가리키는 이름이다. 어린이의 내면세계가 곧 동심이고, 그러한 어린이의 내면세계를 표현한 것이 아동문학인 것이다.

4. 통과의례

5. 정신적 · 육체적으로 미성숙한 존재였던 아동은 통과의례를 거치고 나면 어른으로 인정받았다. 통과의례 전에는 아동이었으나 통과의례를 거친 후에는 어른이 되는 것이다. 이러한 변신은 서서히 성장하는 과정에서 일어나는 것이 아니었다. 반면 근대적 관점에서는 아동과 어른을 연속적인 단계로 인식한다. 즉, 유

아기와 어린이기, 청소년기를 거쳐 서서히 어른으로 성장해가는 것으로 이해하며 아동, 어린이를 아동기(어린이기)에 속하는 존재로 이해한다.

6. 작은 어른. 근대사회 이전에는 '아동/어린이'를 어른과는 질적으로 다른 존재라고 생각하지 못했다.

7. 근대적인 가족제도와 학령으로 아동을 규정하는 근대적 학교제도, 계몽주의적 관점 등

8. 육당 최남선의 「소년」지가 창간된 1908년에서 1910년대가 아동문학의 효시라고 보는 입장과, 방정환의 「어린이」가 간행된 1920년대를 아동문학의 진정한 시원이라고 주장하는 입장이 있다. 그리고 1910년대의 아동잡지들에서 기원을 찾는 입장이 있다.

9. 신문학, 즉 근대문학과 함께 태동된 아동문학의 배경에는 개화계몽사상과 이로 인한 근대적 인권옹호 및 인간평등사상이 바탕이 되었다. 또한 식민지 현실과 이 와중에 모국어 교육을 통한 민족의식 고취 등이 복합적인 배경으로 작용하였다.

10. 계몽, 구국운동을 배경으로 육당 최남선이 종합 교양지 「소년」을 발간하여 계몽적인 관점에서 다양한 읽을거리를 제공하였다. 「소년」의 독자인 '소년'은 오늘날의 소년 개념과는 차이가 있는 존재들이었으나 성인이 아닌 미래를 책임질 존재를 독자로 설정하였다는 점에서 아동문학의 초창기로 볼 수 있을 것이다. 또한 「소년」지를 비롯하여 「붉은 져고리」, 「아이들 보이」,

「새별」 등 어린이를 대상으로 한 잡지들이 발간되었다.

11. 아동문학이 문학으로서의 자각보다 유교적, 봉건적 요소에서 탈피하려는 개화 계몽사상이 앞섰기 때문이다.

12. 「붉은 져고리」, 「아이들 보이」, 「새별」

13. 1923년 소파 방정환이 「어린이」를 간행하면서 아동문학은 본격적인 출발을 하게 되었다. 「어린이」는 이솝우화나 전기, 교양물, 역사나 지리, 언어, 음악, 미술, 사진, 수공 등에 관한 폭넓은 내용을 다루며 많은 독자층을 확보하며 아동문학의 영역을 확장해 나갔다. 서덕출, 윤복진, 윤석중, 이원수, 최순애와 박영종 등에 의해 동요문학이 황금기를 이룬 한편 아동잡지가 발전하였다. 동요에서 동시로 정착되는 변화가 일어났으며 윤석중, 이원수, 윤복진, 박영종, 강소천과 김영일 등에 의해 동요의 형태를 벗어난 자유 동시가 창작되었다.

14. 「별나라」

15. 아동문학운동시대(1945~1976) 중에서 정리형성기(1960~1976)

16. 1970년대 또는 정리형성기(1960~1976)

8강

1. 처음, 중간, 끝을 가진 이야기. 줄거리가 있는 이야기

2. 상대방을 재미있고 생생한 이야기로 설득력 있게 전달하는 행위로 인류의 역사와 연원을 함께하는 구술적인 담화 양식

3. 아리스토텔레스

4. 스토리는 원래 있었던 시간 순서대로의 이야기이고, 플롯은 스토리를 가공하여 재배열한 것이다. 독자에게 보여주기 위해 스토리에 개연성을 부여하여 새롭게 재구성한 것이 플롯이다.

5. 서사학

6. 상상력은 부분과 전체를 연결시키고 하나의 사건을 일관된 주제로 연결해주는 것으로 스토리와 스토리텔링의 핵심 요소이다. 상상력은 스토리텔링을 구성하는 원동력으로 이야기를 창조하는 힘이다.

7. 독서인성교육은 '나'의 세계를 넓히도록 이끌어 준다. 즉 '나'의 세계를 확장하여 성숙한 사람이 되도록 이끄는 교육이다. 따라서 책읽기를 통해 인격적으로 성숙한 내가 되기 위해서는 상상력이 꼭 필요하다. 상상력은 다른 사람의 감정을 이해하게 하고 타인의 세계를 알게 해준다. 그러므로 상상력이 있어야 현재의 나의 수준에서 한 단계 더 성장하여 타인을 이해하는 인간성을 지닌 성숙한 인간으로 자라날 수가 있다.

9강

1. 인성독서, 진로독서, 학습독서

2. 인간의 본질로서 '사람의 성품'이나 '개인의 사고와 태도 및 행동 특성'을 일컫는다. 교재에서 설명하고 있는 학자들의 견해를 인용하여 인성 개념을 설명하여도 좋다.

3. 조르주 풀레

4. 정서, 공감, 소통, 자아정체성, 바람직한 가치관

5. 자기주도성, 창의력, 문제해결능력, 이해력 및 판단력, 비판적 사고능력

6. 독서를 통해 독자의 인성을 고양하고 가치관을 함양하여 자기 삶의 주체가 되는 인간으로 이끄는 교육이 인성독서가 지향하는 지점이다.

7. 진로독서

8. 학습독서

9. 인성독서

10. 에토스(ethos)

11. 첫째, 인성독서는 자신을 성찰하여 자신의 세계를 확장하는 독서로서, 새로운 의미를 재구성하고 창조해가는 과정에서 자아를 형성하고 성장해 나가는 독서이다. 둘째, 인성독서는 세계와 소통하고 타자를 만나는 과정으로서의 독서이다. 타인에 대한 공감적 이해의 과정이 인성독서이다. 셋째, 인성독서는 인간의 윤리적 힘을 키우는 독서로서 성숙한 인간을 지향하는 독서이다.

12. ① 올바른 인성에 대해 항상 고민하는 사람
② 학생과 더불어 성장하는 사람
③ 독서를 통해 자신의 삶을 성찰하는 사람
④ 통섭적 사유를 펼치는 사람

13. ① 독서인의 자질을 갖춘 사람(고도의 독서 능력을 겸비한 사람
② 독서인성연구가로서의 자질을 갖춘 사람(독서인성지도에 필요한 이론을 익힌 사람)
③ 독서인성전문가로서의 자질을 갖춘 사람(독서인성 지도 방법론을 습득한 사람)
④ 독서인성교육자로서의 자질을 갖춘 사람(학습자에 대한 이해 및 교육자로서 필요한 자세를 갖춘 사람)

10강

1. 진로교육이란 개인이 소질과 적성을 바탕으로 자신이 진로를 창의적으로 개발하고 지속적으로 발전시킬 수 있는 역량을 기르는

것이다.

2. 진로교육의 목표는 개인의 역량을 바탕으로 바른 품성과 높은 사회적 책무성을 다하는 성숙한 성인으로서의 행복한 삶을 준비하는 것이라 할 수 있다.

3. 초등학교 진로교육의 목표는 긍정적인 자아개념을 형성하고 일의 중요성을 이해하며 진로탐색과 계획 및 준비를 위한 기초 소양을 키우는 것이다.

4. 중학교에서는 함양된 진로개발역량의 기초를 발전시켜 다양한 직업 세계와 교육 기회를 탐색하고 이후의 진로를 디자인하고 준비하는 것을 목표로 한다.

5. 고등학교 진로교육의 목표는 중학교까지 형성된 진로 개발 역량을 향상시키고 고등학교 이후의 진로를 디자인하고 이를 실천하기 위해 준비하는 것이다.

6. 현재 이루어지고 있는 진로교육이 직업박람회장을 옮겨온 것 같은 정보 제공 차원에서만 이루어지고 있다는 점이 가장 큰 한계라 할 수 있다.

7. 진로교육을 통해 학습자 내부의식의 진정한 변화가 일어나고 학습자가 삶의 방향과 가능성을 가늠하면서 준비된 모습으로 세상 속으로 진출할 수 있어야 한다. 그러기 위해서는 진로교육에 체험과 같은 깊이를 만드는 과정으로서 독서가 반드시 필요하다.

독서는 미지의 진로와 직업을 진정한 이해와 체험으로 이끌고 자신의 삶에서 만들어 가게 하는 데 가장 적합하고 효용성있는 교육자료이자 교육 방법이기 때문이다.

8. 먼저 진로독서교육의 전문성을 확보해야 한다.

9. 진로란 개인이 살아가면서 갖게 되는 일의 총체로서 생애 전반에 걸쳐 이루어지는 일과 관련된 모든 활동이다.

10. 진로성숙이란 진로발달 단계에서 탐색기부터 쇠퇴기까지의 발달 단계 중에서 개인이 도달한 위치를 가리키는 개념이다.

11. 진로발달이란 Super가 제안. 탐색기, 잠정기, 전환기, 시행기, 확립기, 안정기, 유지기로 진로발달 단계를 나눔

12. 견학이나 체험활동을 통한 직접 경험과, 책을 읽는 활동인 진로독서라는 간접경험이 그것이다.

13. Holland로 대표되는 인성에 바탕을 둔 심리이론적 입장과, Super로 대표되는 구조주의적 입장이다.

14. Holland(1985)는 심리이론의 입장에서 여러 직업에 종사하는 사람들의 특성과 여러 직업 환경에 관한 특성들을 통합된 하나의 이론으로 조직함으로써, 사람들이 어떻게 직업적 기회와 진로 동기를 갖게 되는지, 또 사람들이 갖는 직업 또는 직무 만족도와 직업적 성취도를 어떻게 설명할 것인지를 탐구하기위해

직업적 성격유형론을 개발하였다. Holland의 직업흥미 이론의 핵심은 흥미와 직업에 대한 가정에 기초를 두고 대부분의 사람들을 실재형, 탐구형, 예술형, 사회형, 기업형, 관습형 등 6가지 흥미유형으로 분류한 점이다.

15. 독서 전 · 중 · 후로 하여 자신에게 흥미있는 도서를 읽기 전에 미리 그 내용에 대해 생각해 보게 한다. 읽으면서 도서의 이야기 내용을 자신이 하고 싶은 일과 연관시켜서 생각하도록 하고, 읽은 후 자신이 하고 싶은 일에 대해 다시 점검하는 과정을 거쳐 자신의 생활에 적용할 수 있는 방법에 대해 생각해 본다. 이렇게 함으로써 학생들은 자신의 직업세계를 이해하고 자신의 진로를 자율적, 능동적으로 계획하고 합리적으로 선택할 수 있는 능력이 향상 될 것으로 예측하였다.

16. 진로 발달을 평생에 걸쳐 일어나는 것으로 본 Super(1953)는 우리나라 진로교육의 기초가 되고 있다. Super의 진로발달이론은 현재까지 나온 진로이론 중에서 가장 포괄적이고 종합적인 이론으로 진로발달을 전생애(life-span), 생애역할(life role), 자아개념(self-concept) 등 크게 세 가지 개념으로 이론화하였고, 이를 상담현장에 접목한 것이다.

17. Super는 사람들이 전형적으로 가지게 되는 발달과정을 중심으로 성장기(Growth Stage), 탐색기(Exploration Stage), 확립기(Establishment Stage), 유지기(Maintenance Stage), 쇠퇴기(Decline Stage) 등으로 생애의 전 단계를 구분하고 있다.

18. 진로발달은 보통 청소년기나 성인기와 같이 긴급하게 진로 선택이 필요한 시기에만 집중적으로 발달하는 것이 아니라 아동기 때부터 발달이 시작된다. 진로발달 주요 이론가들은 초등학교 시기를 미래 학업 및 직업적 성취의 기초를 형성하고 성인 진로발달에 있어서 핵심적인 중요한 성장기로 설정한다. 따라서 초등학교 시기부터 짜임새 있고 체계적인 진로독서교육이 필요하다고 할 수 있다.

11강

1. 학습독서란 학생이 자주적인 독서인으로 자원기반 학습 환경에서 학습에 필요한 새로운 지식과 정보를 얻고 활용하는 학습활동으로서, 평생학습 능력의 핵심인 창의적인 문제해결능력을 기반으로 한다.

2. 학습독서는 평생학습사회의 등장과 더불어 독자 스스로 학습할 수 있는 능력의 및 자기주도학습을 중요시하는 지식에 대한 구성주의적 관점의 대두, 그리고 다양한 매체와 자료를 기반으로 이루어지는 학습 환경에서 누구나 스스로 학습할 수 있는 자주적인 독서인이 되어야 한다는 시대적 요구에서 등장하게 되었다.

3. 학습독서는 첫 번째 차원은 독서능력의 습득과 독서습관 형성이 중요한 초중등 학교 학생들을 주 대상으로 하는 학교 독서의 의미이고, 두 번째 차원은 독서의 일차적인 목적이기도 한 책을 읽고 그 내용을 바르게 이해하는 것이며, 세 번째 차원은 학생 스

스로 자원기반학습 환경에서 새로운 정보와 지식을 얻고 활용하는 학습활동으로서의 학습독서의 의미이다.

4. 학습독서는 자원기반 학습이자 탐구기반학습이라는 특징을 지닌다.

5. 학습능력이란 다양한 학습자료를 활용하여 학생 스스로 탐구하고 학습할 수 있는 능력을 일컫는다.

6. 다매체 시대 다양한 매체를 통한 자료를 해독하고 이해할 수 있는 문식성을 의미한다.

7. 보통 초등학교 4학년에서 중학생 시기 사이에 학습독서가 가능해진다고 할 수 있다.

8. 독서능력은 의미를 재구성하는 사고능력으로서 탐구학습능력인 창의사고력과 일치한다.

9. 독서지도는 독서방법을 학습하는 것과 독서를 통해 학습하는 방법을 배우는 과정 두 가지 모두를 내용으로 한다.

10. 교과연계학습 독서는 구성주의 학습관의 대두에 따라, 학습이 다양한 책을 읽으면서 상호 텍스트성을 바탕으로 지식을 스스로 재구성하는 것으로 의미가 변화하면서 필요성이 대두되었다.

11. 글에 초점을 둔 이해지도와 독자 사고에 초점을 둔 이해지도로 구성되었다.

12. 텍스트를 읽기 전, 읽는 중, 읽은 후로 나누어 각기 다른 전략을 세운다. 읽기 전에는 미리보기, 예측하기, 연상하기 같은 전략을 세우고, 읽는 중에는 단어지식 늘리기 글조직 유형찾기 등의 전략을 세우며, 읽은 후에는 요약하기, 연결짓기, 자기점검하기 등의 전략을 세운다.

13. 초인지 전략

14. 배경지식 개발하기, 어휘 개발하기, 이해과정과 기능형성하기, 텍스트 구조 알기 전략 등이다.

15. ① 개관(Survey) : 책을 빨리 훑어보기, 지은이의 의도를 생각해 보기

② 질문(Question) : 6하원칙에 따라 질문 만들어 보기

③ 읽기(Read) : 읽고 메모하기

④ 암송(Recite) : 내용을 외우고, 자신의 말로 만들어 보기

⑤ 복습(Review) : 내용을 요약하고 정리하기

16. 독서를 통한 학습에서 표현활동(쓰기, 말하기)이 수반되는 것이 효과적이기 때문이다.

17. 읽기와 쓰기를 통합한 학습독서는 자료와 의미구성을 기반으로 학생의 자주적 학습 능력과 창의성을 길려주는 범교과적 학

습활동으로, 자주적 학습능력과 창의성은 읽기를 통해 교과의 학습 내용과 관련된 자료의 의미를 재구성하고, 쓰기는 그것을 수 있는 기회와 상황을 제공해줌으로써 상호 시너지 효과를 발휘할 수 있다.

18. 글쓰기 협력학습, 글쓰기 워크숍 등이 있다.

19. 자료제공기관인 학교 도서관 이용법과 정보활용교육의 지도가 반드시 필요하다.

20. 교과간 협동 및 융합 수업과 수평적 변형을 고려한 독서지도의 전략 수립이 필요하다.

21. 평생학습능력으로서의 학습독서는 단순한 기술이나 능력이 아니라 삶의 한 부분으로 접근해야 한다.

12강

1. 신토피칼 독서는 한 권 이상의 책이 하나의 문제와 관련되는 점과, 그런 문제에 대한 답변을 구하기 위해서는 여러 권의 책을 읽어야 한다는 사실에서 출발하는 독서법이다. 우리의 일상적 독서는 주제를 중심으로 두 개 이상의 텍스트를 통합적으로 다루는 것인 경우가 많다. 이때 두 개 이상의 텍스트를 통합적으로 읽는 것이 신토피칼 독서이다.

2. 주제 중심으로 여러 권의 책을 통합적이고 비판적으로 읽는 것이다.

3. 상호텍스트성은 둘 이상의 텍스트 사이의 공존 관계를 뜻한다.

4. Syntopicon은 '함께, 동시에'의 뜻을 갖는 접두어 syn와, 화제를 의미하는 topic, 소립자, 단위를 뜻하는 접미사 on을 결합하여 모티머 애들러가 창안한 신조어이다. 특정 토픽을 단위로 여러 책을 동시에 해당하는 부분만을 골라 횡으로 읽는 독서방법을 고안한 모티머 애들러는 이것을 신토피칼 독서라 하였다.

5. 신토피콘은 원래 '위대한 저서'를 토픽(주제)별로 동시에 관련도서를 읽을 수 있도록 도와주는 장치로 고안된 독서법이다.

6. 참고도서로서의 가치, 읽어야 할 도서 선정도구로서의 가치, 교양교육을 위한 도구로서의 가치, 탐구 및 연구 도구로서의 가치이다.

7. 애들러는 동료교수인 찰스 반 도렌과 공동으로 1972년 How to Read a Book개정판을 발행하면서, 신토피칼 독서에 대해 구체적으로 설명하였다. 그는 독서의 수준을 크게 4가지로 구분하면서 신토피칼 독서를 독서의 최고 수준으로 평가한다. 여기서 신토피칼 독서는 더 이상 위대한 저서를 전제로 하지 않는 독립적인 독서의 방법으로 독자가 직접 주제와 관련된 자료를 선정하고, 선정한 자료를 대략 훑어보면서 토픽 리스트를 만들고 이것을 바탕으로 여러 책을 동시에 읽을 수 있는 독서법으로 제시된

다. 분업화와 더불어 지식의 분화가 진행되던 산업화와 달리 지식정보사회에서는 세분화된 분야를 전체적으로 조망할 수 있는 융복합적인 사유능력이 요구되는데, 신토피콘은 하나의 주제를 중심으로 그 주제를 다루고 있는 인문, 사회, 자연, 예능 등 모든 분야를 통합할 수 있는 우리 시대 꼭 필요한 독서법인 것이다.

8. '위대한 저서'에는 독특한 형식의 독서방법, 탐구, 토론 등을 도와주는 신토피콘이라는 장치가 포함되어 있다. 1990년 발행된 '위대한 저서' 2판의 경우에는 제1, 2권에 신토피콘 수록되어 있는데 제3권부터 60권에 수록된 저작 원문을 동물, 미, 존재, 행복, 물질 등 102개의 아이디어라는 개념으로 조직화하여 그와 관련된 저서들을 소개해 주는 역할을 하고 있다.

9. 신토피콘은 해당 아이디어에 대해 개관하고 있는 산문 형식의 해설, 논평 자료 아이디어에 대한 다양한 의미와 서구전통에서 중요한 이슈와 문제로 등장한 이유 및 역사적인 흐름 등을 개략적으로 소개한 개요, 102개 아이디어 중 해당 아이디어에 대한 테마, 즉 세부 토픽을 열거한 토픽구조, 토픽에 대해 다루고 있는 실제 원문 텍스트로 안내하는 글인 참조 등으로 이루어져 있다.

10. '그레이트 북스재단'을 설립한 애들러와 허친스가 그것이 가지는 교양교육운동의 한계를 뛰어넘어 제도화할 필요성을 느껴 시카고 대학 내에 사회사상분과위원회를 설립하여 신토피콘 독서를 통해 서양고전에 통달한 사회 지도자를 양성하고자 하였다.

11. 사회사상분과위원회는 다양한 서양고전의 분야들, 가령 문학, 철학, 인류학, 사회학, 경제학, 과학 등 학문의 모든 분야를 교육하여 전인적인 인간을 양성하는 것을 목표로 한다. 따라서 철저히 대학원 중심과정으로 일반 학과들이 학부와 대학원을 가지는 반면, 위원회는 학부과정 없이 대학원만 존재하는 특이한 구조를 취하고 있다. 대부분의 강좌는 인간의 근원적인 질문에 대하여 답을 찾는 과정을 제시하기 때문에 강좌들은 철학적이고 사변적이다. 3년 동안 종합적이고 철학적인 사고의 훈련을 받은 다음 학생들은 종합시험을 치루고 최종적으로 철학적이고 사변적인 주제의 논문작성을 해야 한다. 이런 방식으로 위원회 학생들은 피상적으로 새로워 보이는 것을 추종하는 신상품 수입 상인적인 태도를 거부하고, 철저하게 고전의 가르침에 바탕을 둔 교육을 받는다.

12. 위대한 저서들이 서양, 백인, 남성의 이야기이며 이 강좌를 계속 유지하는 이유도 이 세 가지 주체의 권력담론과 밀접한 관계가 있다는 것이 위대한 저서들 프로그램에 대한 부정적 시각의 핵심이다.

13강

1. 그림책은 그림과 글이 어우러져 이야기를 전달하는 책이다. 그림책에는 이야기가 담겨있으며 그 이야기를 통해 주제를 전달한다.

2. 그림책을 읽을 때에는 그림과 그림을 연결하여 이야기 구조를 재구성할 수 있는 상상력이 필요하다. 따라서 그림책을 읽을 때에는 독자가 상상력을 발휘하여 적극적으로 이야기를 구성하는 능동적인 자세로 임해야 한다. 또한 그림책을 읽을 때에는 독자가 감각을 동원하여 적극적이고 주도적으로 독서해야 한다.

3. 그림 이야기책과 정보 그림책, 글자 없는 그림책

4. 정보 그림책

5. 감각을 동원하여 읽기, 그림과 이야기를 연계하며 읽기, 언어에 주목하여 읽기, 상상하며 읽기 등에서 적절한 방법을 선택할 수 있다.

6. 과거의 특정 시대나 사건들을 제시하는 서사적 설명

7. 역사를 기록할 때에는 과거에 발생한 사건들을 처음, 중간, 끝이 있는 이야기 형태로 서술하게 된다. 역사책은 서사적 설명의 형태를 띠게 되는데, 여기서 서사적 설명이라는 것은 이야기 형식으로 정보나 사실 등을 알려주는 것이다. 따라서 역사의 본질은 서술이므로, 스토리(이야기, story)가 역사책의 기본적인 의미를 이해하는 열쇠가 된다.

8. 이미 일어난 과거의 사건들은 얼마든지 다시 발생할 수 있으므로 과거를 안다면 현재와 미래를 변화시킬 수 있다. 그런 의미에서 과거 인간의 행동들에 대해 이야기해주는 역사가 우리를 변

화시킬 수 있는 것이다. 역사는 우리의 삶을 더 나은 방향으로 이끌어가도록 이끈다. 따라서 역사책을 읽는 행위는 단순한 사실을 이해하는 수준을 넘어 현재와 미래에 대한 통찰력을 얻는 데까지 나아가야 할 것이다.

9. ① 모든 역사는 특정 주제를 갖고 있다는 사실을 기억해야 한다. 역사책도 특정 주제를 담고 있으므로 역사책을 제대로 읽으려면 그 역사책이 어떤 주제를 다루고 있는지, 그 역사책이 말하고 있는 주제가 무엇인지를 파악해야 한다.
② 역사책이 다루고 있는 특정 주제를 파악하기 위해서는 역사책이 다루고 있는 것과 그렇지 않은 것을 잘 구분해야 한다.
③ 역사책의 저자가 역사 기술을 전하는 방법을 파악해야 한다. 역사책이 취하고 있는 형식적 측면을 잘 파악하면 역사가가 전하고 있는 메시지를 잘 이해할 수 있다.
④ 역사가가 사료를 다루는 방식에 주의를 기울여야 한다. 역사가가 역사를 서술하는 근거가 되는 사료들을 어떻게 이해하고 어떤 방식으로 활용하고 있는지를 살피면서 역사책을 읽는다.

10. 재미있게 이야기를 전달하는 이야기꾼으로서의 자세와 엄정한 과학자로서의 자세

11. 어린이를 독자로 예상하고 어린이의 정서를 읊은 시

12. 어린이가 쓴 시

13. 동요와 동시

14. 동화

15. 서정 동시, 이야기 시(= 동화시)

16. 동화시는 이야기 시라고도 한다. 동화시는 운문의 형식에 이야기를 담아낸 시이다.

17. 정형 동시, 자유 동시

18. 일정한 형식과 규칙에 따라 지은 동시로 외형률을 지니는 동시

19. 형식적인 제약에서 벗어나 내재율을 지니는 동시

20. ① 동시의 일관성을 발견하고 전체적인 분위기를 파악하기 위해 쉬지 않고 끝까지 읽는다.
② 반복해서 통독한다.
③ 소리내어 읽는다.
④ 핵심어를 발견하며 읽는다.
⑤ 작품 외적인 요소에 기대지 않는다.

14강

1. 상상적인 저서에 사용된 문학적 언어는 잠재적인 모호성을 극대화한 언어이며, 함축성의 원리를 지닌 언어로 다양한 의미를 포

괄하고 있다.

2. 오랜 세월에 걸쳐 사람들 사이에서 전해 내려오는 이야기로 일종의 집단창작물이다. 사람들이라면 누구나 추구하는 보편적인 욕망인 두려움과 불안, 질투나 복수, 기쁨과 즐거움 등이 반영되어 있다.

3. 환상 동화, 사실 동화

4. 사실 동화

5. 환상 동화

6. 사실 동화는 어린이 독자에게 현실을 바라볼 수 있는 안목을 제공하고 사회적인 문제에 대한 폭넓은 시각을 갖도록 도와준다. 또한 인간이라는 존재와 인간의 삶을 다양한 관점에서 경험하게 해 준다.

7. 환상 동화는 어린이에게 풍부한 상상력을 제공함으로써 즐거움을 선사하고, 문학적 감수성을 기르는 데 도움을 주는 한편 우리의 현실을 제대로 볼 수 있는 통찰력을 제공한다.

8. 우리가 일상에서 겪는 여러 가지 사건들도 시간이 흐른 다음에야 비로소 그 의미를 이해할 수 있는 것처럼 이야기를 이루는 각각의 사건이 갖는 의미도 이야기가 다 끝났을 때에야 비로소 알 수 있기 때문이다.

9. 플롯

10. 저자가 해결하려는 문제가 무엇인지 분명히 파악해야 한다. 그리고 분석적 책읽기의 규칙을 지켜서 읽어야 한다. 과학의 발전사를 훑어보고, 사실과 전제, 원리와 논증 등이 상호 관련되는 방법을 추적하며 읽는다.

11. 귀납적

12. 과학책은 실험과 관찰 등의 구체적 사례들을 통해 과학 법칙이 정립되는 과정을 주로 담고 있는데 이와 같이 실험이나 관찰의 사례들을 제시하고 그 결과 일반적 전제나 원리를 끌어내는 방식이 귀납적 논증이다.

13. 과학의 발전사를 이해하면 오늘날에 이르기까지 인간 이성의 활약상을 파악하고 이성적 사유가 발전해가는 방식을 이해할 수 있기 때문이다.

14. 분석적 책읽기

15. 저자가 어떤 문제에 주목하고 그 문제를 해결하는 방식이 무엇인가를 파악하면서 읽는다. 저자가 사용하는 용어에 주목하여 전문적인 과학 용어가 무엇을 의미하는지 파악한다. 저자가 말하는 과학적 원리나 해석의 방식 등을 비판적으로 수용한다. 그밖에 분석적 책읽기의 방법을 적용하여 답안을 작성할 수 있다.

16. 철학은 인간과 세계에 대한 근본 원리와 삶의 본질을 고민하고 연구하는 학문이므로 호기심이 있어야 인간과 세계의 본질을 적극적으로 탐색할 수 있다.

17. 어린아이가 세상 모든 것에 의문을 갖고 질문을 하는 것처럼 위대한 철학자 역시 당연시되는 세상과 인간에 대해 탐구의 물음을 던진다는 점에서 공통점을 찾을 수 있다.

18. 독자는 철학책을 읽으며 인간이라는 존재에 대해 고민하고 인간이 살아가는 삶에 대해 성찰할 수 있는 기회를 갖게 된다. 철학책을 읽는 것은 결국 세상과 삶의 원리를 이해하는 성숙한 인간으로 나아가는 것이므로 본질적으로 독서인성지도가 지향하는 바와 긴밀한 연관을 갖는다.

19. 첫째, 철학책이 제기하는 질문을 파악하며 읽는다. 둘째, 그 질문에 저자가 어떤 방식으로 답을 하는가를 찾으며 읽는다. 그리고 철학책의 저자가 전제로 하고 있는 가정, 입장, 철학적 자세 등을 찾으며 읽는다. 셋째, 독자 스스로 저자의 견해를 발견하는 자세를 갖는다. 철학자가 사용하는 용어의 의미를 파악하면서 철학책에 담긴 추상적인 사유의 과정을 경험하며 읽는다.

20. 호기심 어린 눈으로 세상을 바라보고 그런 세상을 직접 보고야 말겠다는 의지를 실천에 옮기는 끈질긴 탐구의 자세를 가리키기 위함이다.

21. 호기심

22. X

23. O

15강

1. 비평이란 텍스트를 있는 그대로 이해하고 해석하는 것이 아니라, 문제의식을 가지고 따져 읽는 의식이 비평정신의 토대다. 이러한 비평적 읽기 정신을 읽기와 쓰기에 그대로 원용한 독서법이 비평적 독서이다.

2. 첫째, 비평적 독서는 읽기와 쓰기가 통합된 형태의 독서법이며, 둘째, 다양한 비평방법론을 차용하는 고차적인 독서법이며, 셋째, 해석의 다양성과 다층적인 텍스트 읽기를 지향하는 열린 독서법이다.

3. 첫째, 비평이론은 우리 자신과 우리가 사는 세상을 새로운 시선으로 바라볼 수 있도록 도와주며, 둘째, 비평이론은 뛰어난 통찰력과 논리적이고 창조적으로 생각할 수 있는 능력을 키워준다.

4. 텍스트의 결을 따라 텍스트가 유도하는 대로 해석하는 것이 하나이고, 다른 하나는 텍스트의 결을 거슬러서 텍스트 내부의 요소들을 분석해 가며 읽는 것이다.

5. 텍스트가 어떻게 저자의 심리적 욕망, 욕구, 갈등에 대한 의도하거나 의도치 않은 부분을 구체화하였는가를 묻고 그에 대한 답

을 구한다.

6. 텍스트가 어떻게 가부장적 규범과 가치들에 대한 의도적이거나 의도치 않은 부분을 구체화하는가를 문제시하고 그에 대한 답을 찾는다.

7. 텍스트 안에는 내용이 어떤 형식 전략에 의해 표현되고 있는가를 묻고 그에 대한 답을 찾는다.

8. 독자들은 텍스트를 읽으면서 어떻게 의미를 만들어 내는가를 묻고 그에 대한 답을 구한다.

9. 우리가 텍스트의 의미를 이해하는 데 사용하는 기본적인 구조체계는 무엇인지를 묻고 그에 대한 답을 찾는다.

10. 텍스트의 자기 모순을 어떤 커다란 주제 아래 포괄하여 해소하지 않고 오히려 분해하면 텍스트 안에서 작동하는 이데올로기와 관련항이 무엇인지를 알 수 있는 답을 찾는다.

11. 텍스트가 어떤 방식으로 역사 해석에 관여하는지를 묻는다. 특히 해당 텍스트들을 낳은 문화 안에서 유력하게 작용하는 담론들의 순환과정에서 텍스트는 어떤 역할을 하는지를 물음으로써 문화비평과 일정한 관련을 갖는다.

12. 텍스트가 생산되거나 수용되는 전반적인 과정과 권력구조를 강화하거나 약화시키는 이데올로기들을 텍스트가 어떤 방식으

로 전달하고 변형시키는지를 묻고 그에 대한 답을 구한다.

13. 텍스트가 성적 지향에 대한 전통적인 사고방식이 갖는 부당성을 어떻게 구체적으로 보여주는지를 묻고 그에 대한 답을 구한다.

14. 텍스트가 어떻게 자본주의와 계급차별에 대해 의도적이거나 의도치 않은 방식으로 어떻게 재현하고 다뤄나가는지를 묻고 그에 대한 답을 구한다.

15. 텍스트가 어떻게 문화적 차이를 재현하는지를 묻고 그에 대한 답을 찾는다.

16. 문학이 왜 문학인가에 대한 답이 바로 문학성으로, 형식주의자들은 문학성을 시어와 일상어, 스토리와 플롯의 차이를 규명함으로써 찾고자 하였다.

17. 러시아 형식주의자인 슈클로프스키는 문학을 문학답게 하는 것은 대상을 낯설게 만드는 것이라고 하여 낯설게하기 기법을 문학을 문학답게 하는 전략으로 제시한다.

18. 자기모순적인 내용처럼 보이지만 그럼에도 불구하고 사물이 존재하는 실제 방식을 나타내는 진술을 역설이라고 한다.

19. 어떤 사건이나 진술이 그것이 발생한 맥락 속에서 오히려 존재 근거를 상실하게 되는 경우를 아이러니라고 한다.

20. 하나의 낱말이나 이미지 또는 사건이 둘 이상의 상이한 의미를 발생시키는 경우를 말한다.

21. 반대되는 것을 한데 엮는 데서 생성되는 것을 의미하는 말로 서로 대립되는 성향들 사이의 상호작용으로 만들어지기도 한다.

22. 텍스트의 구성요소들과 주제 사이의 복잡한 관계를 면밀히 검증하는 독서법으로 텍스트의 유기적 통일성이 어떻게 구축되는지를 살피고자 형식주의 비평에서 사용되는 방법이다.

23. 글 그대로의 의미와 다른 의미 또는 그 이상의 여러 의미를 갖는 언어를 뜻한다.

24. 상호거래적 독자반응이론

25. 스탠리 피시가 제안한 것으로 텍스트의 구조는 시시각각 발생하는 독자 반응의 구조에 불과한 것으로 보아, 텍스트가 독자의 반응을 어떻게 구조화하는지를 분석하는 비평이론이다.

26. 우리가 문학에 대한 개별적인 반응이라고 생각하는 것들이 사실은 우리가 속한 해석 공동체의 산물임을 밝히려는 독자반응이론의 하나이다.

27. 무의식은 상처, 두려움, 죄의식이 따르는 욕망, 해소되지 않는 갈등 등 우리가 스스로 알고 싶지 않은 고통스러운 경험과 감정들이 보관되는 창고를 의미한다.

28. 억압된 것을 억압된 채로 유지시킴으로써 우리가 알면 감당할 수 없을 어떤 것을 알지 못하도록 만드는 과정을 뜻한다.

29. 부인, 투사

30. 두려움, 상처, 절망, 분노 등의 원인이 되었던 사람보다는 덜 위협적인 인물이나 대상에 그런 감정을 풀어버리도록 하는 방어기제이다.

31. 일시적으로 이전의 심리 상태로 귀환하는 것을 뜻한다.

32. 성인이 되어서도 벗어나지 못한 이성 부모와의 파행적인 유대관계를 뜻하는 프로이트의 개념으로 이런 콤플렉스를 가진 사람은 성인이 되어서도 성숙한 관계를 진전시키는데 어려움을 겪게 된다.

33. 생물학적 구성물로 남성과 여성을 구분하는 관점을 생물학적 본질주의라고 하고, 문학적 길들임의 산물로서 여성적인 것과 남성적인 것을 구분하는 관점을 사회적 구성주의라고 한다.

34. 첫째, 인간의 역사와 문화를 일종의 종합 경기장으로 이해하며, 인간은 오직 부분적 주관적으로만 파악할 수 있다고 본다. 둘째, 개별적인 인간 정체성은 문화적 환경과의 대등한 교환관계 속에서 발달한다고 본다. 셋째, 두 이론 모두 학제적 이론이다. 넷째, 둘 다 미셸 푸코의 작업에 크게 의지하고 있다. 이와 같은 공통점을 지니고 있기 때문에 두 이론은 종종 쉽게 구별

되지 않는다.

35. 첫째, 문화비평은 공공연히 정치적 지향을 드러내는 편이며 억압받는 집단을 지지한다. 둘째, 문화비평은 마르크스주의와 여성주의를 비롯한 정치성이 강한 이론들을 활용하여 분석 작업을 수행하는 경우가 많다. 셋째, 좁은 의미의 문화비평은 대중문화에 특별한 관심을 갖는다. 이러한 차이점에도 불구하고 두 이론은 권력비판과 약자보호라는 입장을 공유한다.

36. 담론은 특정한 시공간에서 특정한 문화적 조건에 따라 형성되는 사회적 언어로서, 인간 경험에 대한 특정한 이해방식을 표현한 언술이다.